昭和特撮文化概論

ヒーローたちの戦いは報われたか

鈴木美潮

集英社文庫

昭和特撮文化概論　ヒーローたちの戦いは報われたか　目次

昭和特撮文化概論　ヒーローたちの戦いは報われたか

まえがき

特撮ヒーローを呼ぶのは、時代だ。

一九五八年に月光仮面が現れて以来、この国に誕生した数多《あまた》の特撮ヒーローたちは、その時代と世相とを反映してきた。

モノクロ画面の中、建設途中の東京タワーを背景に戦った月光仮面は、戦争からの復興を告げ、右肩上がりの高度経済成長の時代に生まれたウルトラマンは、カラーテレビの中で輝かしい未来に向かってすっくと立ってみせた。公害問題など、経済成長の負の部分が露呈してくる中に登場した仮面ライダーは、掘り返された住宅造成地の赤土の上で敵を倒し、国際婦人年の七五年に誕生したゴレンジャーでは、女戦士のモモレンジャーが、すらりと伸びた足で悪者たちを蹴り上げた。

これほど多くの特撮ヒーローが、長年にわたって生み出されているのは、世界でも日本だけだ。

本書では、そんな特撮ヒーローと時代や世相との関係を解き明かし、日本固有の特撮ヒーロー文化の神髄に迫るとともに、ヒーローたちが伝えてきたメッセージを検証していく。

ヒーローは、どんな絶体絶命の状況にあっても決してあきらめなかった。ヒーローは、一敗地に塗《まみ》れても自分を信じて特訓を重ね、困難を乗り越えて明日に進んだ。ヒーローは、「赦《ゆる》す」ことの大切さを説き、敵を殴った拳の痛みを伝え、争いのない世界の実現を訴えてきた。

この国に生まれた誰もが、幼いころ、知らず知らずのうちに耳にしていたはずの特撮ヒーローの骨太なメッセージに、改めて耳を傾け、果たしてヒーローたちの思いが報われたのか、今の社会に照らして考えてみたい。

さらに、「クールジャパン」がしきりに叫ばれる時代にあって、特撮ヒーロー文化が、国境を越え、海外に広がっていることにも注目した。

インターネットが普及する中、ヒーローたちは、鮮やかなアクションやクールなデザインのロボット、海外の子供番組とは一線を画した良質で深いドラマ性とで、次々に海外ファンを獲得している。そうした広がりの中で、ヒーローたちは、日本の文化や日本人の考え方を海外に「伝道」し、日本人への共感や「ふわりとした親日感」を醸成してきた。歴史上、多くの諍《いさか》いが、互いをよく知らないこと、相手に共感できないことに端を発していることを思えば、特撮ヒーローが果たしている役割は、とてつもなく大きい。

海を越えたジャパニーズヒーローは、日本の安全保障にもつながる活躍を見せているのだ。

長年、特撮ヒーロー番組は、「ジャリ番（組）」と呼ばれて蔑まれ、大人向けのドラマより低く評価されてきた。そして、最近はアニメや漫画、アニメソングなどとともに「サブカルチャー」と分類されることが多い。

だが、特撮ヒーロー番組が果たしてきた役割の大きさ、伝えてきたメッセージの深遠さに触れるとき、私はもはや特撮ヒーローはサブ（副）を超えた立派なメーンカルチャー、文化だと確信する。

特撮ヒーローは、日本が世界に誇る文化なのだ。

本書が特撮ヒーローの素晴らしさを伝える一助となることを心から願っている。

序章

敗戦国日本にヒーロー現る

月光仮面、参上

日本のテレビ特撮ヒーロー番組第一号は、『月光仮面』である。一九五八年二月二四日に放送が始まった。全身白タイツに白いマント、額には三日月をあしらったターバンにサングラスという出《い》で立《た》ちの月光仮面は、放送がスタートするや、たちまち子供たちの心をわしづかみにした。平均視聴率は四〇％、最高視聴率に至っては実に六七・八％という驚異的な数字をたたき出し、現在まで語り継がれる元祖国民的ヒーローとなった。

前年には俳優の宇津井健《うついけん》が、映画館のスクリーンの中、やはり全身白タイツ姿で、エメラルド遊星からやってきたヒーロー、スーパージャイアンツを演じてはいたが、ブラウン管の中に生まれたヒーローは月光仮面が初めてだ。つまり、二一世紀の現在まで毎週毎週、連綿と作られている、日本の特撮ヒーローの原点とも言うべき存在が、『月光仮面』なのだ。

放送局はTBSテレビの前身のKRTで、制作はのちに『シルバー仮面』などを手掛ける宣弘社《せんこうしゃ》の関連会社、宣弘社プロダクションによるものだった。第一部「どくろ仮面篇《へん》」は月曜から土曜までの毎日午後六時からわずか一〇分間（第一話は三〇分）の放送だったが、第二部「バラダイ王国の秘宝篇」からは日曜午後六時から三〇分間の放送となる。

主題歌の歌詞にも「月光仮面は誰でしょう」と歌われているように、月光仮面の正体は謎とされ、オープニング映像でも「月光仮面　？・」と記されている。もっとも、「誰もがみんな知っている」ように、俳優の大瀬《おおせ》康一《こういち》演じるところの私立探偵、祝《いわい》十郎《じゅうろう》がその正体である。祝は警察からも信頼を寄せられている探偵であり、当局と連携して、国際スパイ団の一味、どくろ仮面や、六〇〇年前に滅んだバラダイ王国の秘宝を狙う怪人サタンの爪、国際暗殺団などと戦う。

月光仮面を演じた当時の大瀬がまだ二一歳というのは、現代の我々からすると驚きである。成人して間もない年齢だというのに、「お兄さん」ではなく「おじさん」の落ち着きと風格があるのだ。やはり、戦争を体験した昭和のあの世代は、年齢より早く大人になっているということなのだろうか。

その祝探偵を補佐するのは、五郎八《ごろはち》とそのガールフレンド、カボ子というちょっと頼りない二人の助手。さらに、祝が育てている繁と木《こ》の実《み》というきょうだいがレギュラーメンバーだ。二人が戦災孤児というのは、時代を感じさせる設定である。

特撮ヒーローものの「元祖」ではあるが、変身アイテムも派手な変身シーンもなく、祝が月光仮面なのかどうかの明確な説明もない。いつの間にか祝が画面からいなくなり、

『月光仮面』のテーマである物悲しい演歌調のメロディーとともに、どこからか月光仮面が現れてくるのである。「変身」して超人になるのではなく、普通の人間が「変装」して戦っているという方が正しい表現だろう。

なお、正体が謎とされている月光仮面ではあるが、乗っているホンダのオートバイにはきちんとナンバープレートが付いている。届け出が誰の名前で出されているか、現在ならすぐ、写真週刊誌に書かれてしまいそうだが、そんなことを誰も突っ込まない牧歌的な時代であった。

武器は、腰に差した二丁の拳銃のみ。だが、敵を威嚇したり、やむをえず発砲したりすることはあっても、悪人でも決して殺すことはないのが、月光仮面の流儀であり、「敵にとどめを刺す」六〇年代以降のヒーローたちとの大きな違いである。

娯楽は映画からテレビへ

放送がスタートした五八年は、日本のテレビ放送を語るうえで、節目の年だ。この年の一二月、東京・港区に東京タワーが完成し、テレビ各局の電波を関東一円に送信し始める。本格的なテレビ時代の到来である。高さ三三三メートルの東京タワーは、当時、フランス・パリのエッフェル塔を抜いて世界一高い自立式鉄塔となった。高くそびえる「世界一」の塔は、当時の人々に戦争からの復興を改めて感じさせただろう。

『月光仮面』の第一部第二話「危険重なる」では、東京・芝の増上寺が舞台となっており、画面の後方に建設途中の東京タワーの下の土台の部分が見える珍しいカットがある。しかし、薄暗いモノクロの画面には高いビルなど一つも見えず、現代の東京の面影は全くない。むしろ、どこか田舎のお寺の墓地のようで、これが東京であるという確信を得るのにしばらく時間を要する。

それはさておき、完成した東京タワーがテレビ時代の到来を高らかに告げる一方、それまで庶民の代表的な娯楽だった映画人気に陰りが見え始めるのもこの年だ。映画館への入場者数はこの年の一一億二七四五万二〇〇〇人をピークに、減少に転じていく。だが、映画館の数はまだ増え続けており、映画界はまだ自分たちが坂道を下り始めたことを知らない。映画会社がテレビ専門の部門を作り、積極的にテレビドラマの分野に進出するようになるのは一九六〇年代半ば頃からで、まだこの頃はテレビを「電気紙芝居」と見下して、相手にしていなかった。

しかし、確実に、娯楽の主役は映画からテレビに移り変わろうとしていた。そんな時代の風をマントに受けて誕生したのが、月光仮面というテレビヒーローだったのである。

もっとも、テレビ時代の到来とはいうものの、地上波のテレビ放送がスタートしてまだ五年足らず。大卒男子の初任給が一万一七九〇円だった時代に、白黒テレビ受像機は約八～九万円もしており（『ザ・クロニクル　3』〈共同通信社編　幻冬舎　二〇一四年〉による五六年時の価格）、一般家庭への普及率はまだ一六％にすぎなかった。

だから、「放送が始まると銭湯から子供たちの姿が消えた」と語られるところの「消えた子供たち」の多くは、電器店やテレビのある近所の家の茶の間に集まっていた。DVD『月光仮面　第三部「マンモス・コング篇」VOL．2』初回封入特典小冊子によると、その様子を見た宣弘社社長の小林利雄は東芝を説得し、子供たちが集まりそうな公園や広場などに新たに約二〇台の街頭テレビを設置してもらったという。関東を中心に主要駅や役所の前に街頭テレビが置かれ、黒山の人だかりができていた時代だった。白黒テレビが全国のお茶の間に普及するのは、『月光仮面』放送開始の翌五九年、皇太子殿下（現・天皇陛下）ご成婚のテレビ中継があってからのことである。

「正義の味方」に込められた思い

『月光仮面』の原作と脚本は、「おふくろさん」「君こそわが命」「恍惚《こうこつ》のブルース」など昭和を代表する演歌の作詞家として、作家として、歴代首相と親交のある政治評論家として、特撮ファンにとっては後に『愛の戦士レインボーマン』などの特撮ヒーローを生み出す原作者としても著名な、そして晩年は歌手、森進一との「おふくろさん改変騒動」でマスコミをにぎわした川内康範《かわうちこうはん》だ。

川内は、月光仮面を仏教の薬師如来の脇に控える日光と月光《がっこう》の二尊の菩薩《ぼさつ》の月光から着想した。善人にも悪人にも等しく光を投げかけ、汚れを照らす月の光ほどの思いがそこには込められている。

同時に「正義の味方」というコンセプトもここで明確になる。今でこそヒーローの代名詞として普通に使われる「正義の味方」という言葉だが、実はこの言葉は川内が考え出したものであり、「ヒーロー」の意味で一般化されるのは『月光仮面』以降のことのようだ。

実際、放送開始に先駆けて二月一六日付の読売新聞に掲載された『月光仮面』の番組紹介記事でも、月光仮面を「大都会の暗黒街に疾風のように現われて敢然と悪にいどむ正義の人」と紹介しており、「正義の味方」という表現はまだ出てこない。各種メディアに「正義の味方」という単語が登場してくるのは、一九六〇年代になってから。マンガ『スーパーマン』（四九年）の宣伝コピーなどを見ても「正義の超人」というのがかろうじてあるくらいで、「正義の味方」という言葉は使われていない。

この「正義の味方」という言葉には、「＝ヒーロー」にとどまらない川内の強い思いが込められている。川内は小説『月光仮面　復刻版　恐怖の秘密兵器』（ブックマン社二〇〇七年）の前書きにあたる「皆さんへのメッセージ」でこう記している。

「人間は、どんなに権力を持ち、または仁徳をつんでも『正義』そのものにはなれません。人間は、神さまや仏さまのお説きになる愛や正義や真実を顕《あらわ》すための手助けしかできません。／つまり正義の味方しかできないのです」
「正義」という言葉を安易に使うことを嫌う特撮関係者は少なくないのだが、元祖ヒーローともいえる月光仮面が「＝正義」ではなく、「よい人」として、人間ではない大いなるものが掲げる「正義」を実現する手助けをする存在として作られたというのは、案外大きな意味があるような気がする。

低予算でも国産の番組を

『月光仮面』の当初の製作費はわずか一〇万円ほどだったという。三〇分番組になっても一本五〇万円足らずしかなかったと、川内はのちに述懐している。特撮を使わない一般のドラマでも三〇分番組を作るのに一〇〇万円程度が必要と言われていた時代に、である。

　当然、当初は専用のスタジオなどなく、撮影はオールロケーションで行われ、宣弘社社長の小林宅はセット代わりにたびたび使われた。『月光仮面』を見ると、画面があまりに暗くて閉口することがたびたびあるが、これは電気代を節約しているから。スタッフの移動車もなく、全話を一人で監督した船床定男《ふなとこさだお》はスクリプターの仕事も兼務していたほどだったという（川内康範「『月光仮面』の逆襲」『中央公論　臨時増刊　マスコミ読本』一九五九年五月二〇日号）。

そんな低予算だから、全身タイツの月光仮面をはじめ、登場する敵も布製のマントにお面をつけた、学芸会のような姿であることが多い。夜の話のはずだったのに、急に表情が見えるように明るい昼間に飛んでしまうことも多々ある。現代のハイビジョン放送にすっかり慣れてしまった目には、正直、相当チャチに見えることも否めない。

だが、低予算という悪条件のもとでも、川内らは、なんとしても国産のテレビヒーローを生み出そうという熱い気概を持っていたことがうかがえる。

当時、日本で一番視聴率を取っていたのは、アメリカから輸入した『スーパーマン』。それ以外にも、『名犬ラッシー』や『サーカスボーイ』などが放送されており、日本はテレビドラマの大半をアメリカからの輸入に頼っていた。これらの対価はすべてドルで払わねばならないうえ、日本の外貨準備高は現在の一〇〇〇分の一にも満たない少なさだった。「今の日本のテレビ映画はすべて米国からの輸入もので独占されています。なんとかこの占領状態を脱却しようと、国産ものを作ったんです」とは、『月光仮面』の記者発表会での小林の言葉である。

川内も、『月光仮面』の制作が決まったいきさつについて「外貨流出を食い止めるためだった」という趣旨のことを、晩年、インタビューに答えて語っている（『ぼくらが大好きだった特撮ヒーローBESTマガジンVol．1』講談社　二〇〇五年）。

本格特撮、初導入

予算はなくても、作品の中身はアメリカ作品に負けてはいなかった。派手な爆発も光線技も、特に初期は出てこないが、物語がパターン化されていないので、いつ月光仮面が登場するか予想がつかず、ハラハラドキドキさせられる展開となっている。玩具メーカーがスポンサーについていないこともあり、「縛り」も少ない。変身アイテムやロボットなど、番組の流れを、良くも悪くも縛ってしまうものがまだない時代なのだ。アクションも、原っぱで生身と生身がぶつかり合うだけだが、ワイヤーアクションやコンピューター・グラフィクス（ＣＧ）とは一味違う迫力がある。

第三部にあたる「マンモス・コング篇」では、テレビ映画としては史上初の本格的な特撮を見ることができる。マンモス・コングは身長一五メートルの「世界最大変形ゴリラ」。船での輸送中に国際暗殺団の手で半分ロボットの怪獣に改造され、日本を襲う。マンモス・コングが東京に上陸し、有楽町と思われるあたりで国電を投げる場面など、精巧なミニチュアセットが組まれており、驚かされる。マンモス・コングの東京襲撃がニュースで生放送されている設定でのアナウンサーのレポートはプロレス中継のようでご愛嬌《あいきょう》だが、最終話のコンビナートの爆発シーンなど、本当の火が燃えあがり、見ているこちらが心配になるほどの迫力である。

実は、テレビ映画としては、初の本格特撮が、この「マンモス・コング篇」だった。この特撮は海外からも注目され、テレビ番組が輸入一辺倒だった時代に、ハワイから買い付けの申し込みまであったことを「テレビ映画にようやく明るいきざしが見えようとしている」と五八年一〇月二一日付の読売新聞夕刊は紹介している。

余談だが、「マンモス・コング篇」で驚かされるのは、出演している自衛隊や警察官が本物ということだ。川内の存在があってこそ、なのだろうけれど、朝霞《あさか》駐屯地でのロケも行われており、装甲車がずらりと並ぶ前で本物の自衛隊員が迫撃砲を撃つなど、今の特撮ヒーロー番組ではなかなか考えられない協力態勢である。

内容には時事問題も大胆に取り込まれた。

第四部「幽霊党の逆襲篇」では、地質学の権威の博士が発見した地下資源を狙う幽霊党と月光仮面との戦いが描かれるが、地下資源は、なんと、放射性物質である。実に先見性のある設定ではないか。

幽霊党を操る竹林賢法《たけばやしけんぽう》は兄である国会党代議士、谷川に化けて、利権がらみで地上げを企《たくら》む。土地を守ろうとする庶民を守って月光仮面が戦う話は、米軍立川《たちかわ》基地拡張をめぐり、土地の強制収用をしようとする政府側と住民側が激しく衝突した「砂川《すながわ》闘争」（五五〜五七年）をモデルにしたという。「電気紙芝居」と見下されがちだった『月光仮面』が実は社会派ドラマだったことに改めて驚かされる。

混乱の時代がヒーローを求めた

ここでもう一度、『月光仮面』が誕生した時代に目を向けてみよう。放送開始二年前の五六年には「経済白書」に「もはや『戦後』ではない」という文字が躍り、流行語となった。五七年から続いた「なべ底不況」も五八年後半には一気にV字回復を遂げ、以後、日本は右肩上がりの高度経済成長に突き進んでいく。一見、復興を成し遂げたように見える日本ではあったが、足元はまだ戦後の混乱の中にどっぷりつかったままだった。

『月光仮面』の第一部第一話「月光仮面現わる」が放送された二月二四日付の読売新聞を見ると、一〇ページにも満たない紙面は、朝刊も夕刊も、荒れた少年たちの犯罪を伝える見出しで埋め尽くされている。「中学生の暴力グループ　全校のガラス千枚割る」「中学生四人組、高校生を切る」「母校に二度放火未遂　××中生一〇人（××は原文では実名）」など、荒れる少年たちを伝える記事は数知れない。銀座では愚連隊が行きずりの喧嘩《けんか》の中、ジャックナイフで人を刺し、オートバイに乗った兄弟は道を歩く女性のハンドバッグをひったくる。

幼い子供を道連れにした無理心中事件も複数報じられている一方、一面のコラム「編集手帳」は、目前に迫った売春防止法完全施行に「はたしてうまくいくかどうか」と懸念を示している。

現代からは考えられないくらい貧しい日本で、犯罪に走らざるを得ないすさんだ少年たちの様子が記事からは透けてみえる。そんな時代に現れた『月光仮面』のキャッチフレーズは「憎むな、殺すな、赦《ゆる》しましょう」だった。現代の感覚では「ヒーローらしくない」「甘い」とすら思えてしまうフレーズは、こうした社会状況に呼応したものだったのではなかろうか。断罪するヒーローではなく、荒れた子供たちに、貧しさのしわ寄せを受けがちな者たちに寄り添い、「赦し」、正しい道へと導くヒーローを時代は求めていたのではないだろうか。

地べたに近いヒーロー

もちろん、当時荒れていた少年たちは、『月光仮面』の主たる視聴者層よりは少し年上だ。では、視聴者たる幼い子供たちに『月光仮面』が熱狂的に受け入れられたのはなぜなのか。

映画評論家の樋口尚文《ひぐちなおふみ》は著書『「月光仮面」を創った男たち』（平凡社新書　二〇〇八年）の中で、「空き地でのわんぱくな対戦のドキュメントのごとき」と『月光仮面』を表現している。学芸会のような衣装も、今見ると、いやおそらく当時にしても、映画のスクリーンと比べれば、はるかにみすぼらしい映像も、そのチャチさこそが、子供たちが空き地で興じる「ヒーローごっこ」に近く、テレビという、日常に近いメディアの特性にはまったのではないかというのだ。

時代劇映画の中の主人公が、ばったばったと悪を切り捨てることで大人の憂さを晴らす存在なのだとしたら、月光仮面というヒーローは、当時の子供たちにとって最も身近で、子供たちの気持ちをすくいあげ、寄り添うことのできるヒーローだったのではなかろうか。真似《まね》をするのにも風呂敷一枚をマント代わりにすれば、ほかに高価なおもちゃは必要ない。当時のニュース写真には、お手製と思われる月光仮面の衣装で七五三参りをする子供たちの姿が少なからず写っているが、全身白い布ならば、家庭で作ることも難しくはなかっただろう。

『月光仮面』以降も、『ウルトラマン』の登場までは、こうしたタイツ姿に顔は半分露出している「タイツ系ヒーロー」が多かったのは、まだ子供に高価なおもちゃを買い与えるほどの余裕がなかった時代に、子供たちが真似して遊ぶことを意識していたのかもしれない。もちろん、時代劇界のスーパーヒーロー『鞍馬天狗《くらまてんぐ》』の影響を受けているであろうことは、想像に難くない。

月光仮面は子供たちにとって身近な「地べたに近いヒーロー」だったのではないか。

何よりも、作品の中で月光仮面が発する言葉は、とてもストレートで熱い。「日本国民は、自分たちが生まれ、自分たちがはぐくんできた（筆者注：「はぐくまれてきた」

が正しい用法と思われる）この祖国を愛しているから」強いのだと、日本を再び立ちあがれないようにしてやるとうそぶく悪人に言い放ち、「人間の幸福とは、金や名誉のみによっては得られるものではない」と徳を説いてみせる（「マンモス・コング篇」第五話「祖国のために」）。

敗戦の記憶もまだ生々しかった時代に、身近に思えるヒーローが説くそんな理想は、その時代の子供たちの心に、次の日本を創っていくのは自分たちだという勇気の種を蒔《ま》いたはずだ。

一方、地べたに近い身近なヒーローは、真似をして屋上から飛び降りる子供が相次いで怪我《けが》をしたり死亡したりするなどの悲劇も生んだ。

それも一つの原因となって、『週刊新潮』が『月光仮面』は荒唐無稽でPTAからも批判が続出しているという「危うし！『月光仮面』」なる記事を掲載（一九五九年三月二日号）。『中央公論　臨時増刊』に怒りの反論「『月光仮面』の逆襲」（前出）を掲載した川内は、テレビシリーズの打ち切りを宣言。大人気のうちに、『月光仮面』は五九年七月、全一三〇話の放送を終えることになる。

特撮ヒーロー番組の伝統、タケダアワー

『月光仮面』は、武田薬品工業一社提供による「タケダアワー」の第一作だった。

『月光仮面』に引き続いては、高垣眸《たかがきひとみ》原作の覆面ヒーローもの『豹《ジヤガー》の眼《め》』（五九年）が放送された。それ以外にも「タイツ系ヒーロー」は『遊星王子』（五八年）や『ナショナルキッド』（六〇年）、同じ川内原作の『七色仮面』（五九年）、『アラーの使者』（六〇年）などとして続いていく。

また、六〇年代以降、タケダアワーからは、『ウルトラマンシリーズ』（以下では『ウルトラシリーズ』あるいは『ウルトラ』と表記）や『シルバー仮面』（七一年）、『アイアンキング』（七二年）など、数多くの特撮ヒーロー番組が生み出されていった。

愛のヒーロー

「憎むな、殺すな、赦しましょう」という言葉について、川内は「現代を背負う子供たちに対する、戦争否定の精神を植え付ける基本的な要素であると考えた」（前出「『月光仮面』の逆襲」）と書いている。別の記事では「（月光仮面によって）子供たちに夢と希望を与え、平和というものは決して武力をもってはえられないものだということを力説したいと念願してきた」（読売新聞夕刊　五八年一〇月二一日付）とも語っている。

戦うヒーローの元祖のように思われがちな月光仮面。だが、その作品の根底に込められたのが非戦の願いだったというのは、重い意味を持っていると言えよう。そして、こうしたヒーローが受け入れられたのは、川内が語るように日本全体が「戦争という大きな憎しみの時代を経て、これからは人々が皆信じ合い、豊かで幸福な人生を送ることができるという希望に満ちていた」（前出『月光仮面　復刻版　恐怖の秘密兵器』あとがき）時代だったからなのかもしれない。

八一年、映画『月光仮面　THE MOON MASK RIDER』としてリメイクされた『月光仮面』のラストシーンで、月光仮面は言う。

「この世が、愛と正義のやすらぎにみたされるようになれば、私のような者の存在は不要になるでしょう」（『生涯助ッ人　回想録』川内康範著　集英社　一九九七年）

しかし、月光仮面がいない時代を望んでいた川内は、二〇〇七〜〇八年、月光仮面生誕五〇周年を記念して復刻した小説では「憎むな、殺すな、赦しましょう」の最後を「赦しましょう」から「真贋紕《まことただ》すべし！」に変更すると記している。

まだまだ、月光仮面が不要な時代は訪れてはいない。

第一章

巨大化したヒーロー

「金の巨人」と「銀の巨人」

一九六六年はテレビ特撮ヒーロー史の中で、転換点になった年だ。この年、日本のテレビの中に、後の巨大ヒーローブームのさきがけとなる金と銀の巨人が誕生した。

「金の巨人」の名はマグマ大使。

そして「銀の巨人」の名はウルトラマン、日本を代表する特撮ヒーローの一人である。

二年前の東京五輪の金銀銅メダルの順番を意識したわけではあるまいが、「金の巨人」の放送の方が「銀の巨人」より一足早かった。国産で初めてカラー放送された特撮ヒーロー番組は、「金の巨人」こと、『マグマ大使』である。

放送がスタートしたのは七月四日。この日の読売新聞朝刊には、「話題をまいてビートルズ去る」という記事が大きく掲載されている。ちょうどこの前日、全国の若者を熱狂させたザ・ビートルズが日本武道館での三日間の公演（読売新聞社と中部日本放送・主催）を終え、羽田空港から次の公演地、フィリピン・マニラに向け飛び立ったところだった。今では当たり前に行われている武道館でのライブだが、当時は伝統的な武道の会場でのロックコンサート開催に反発する向きもあった。来日前の西ドイツ公演などでは、ファンと警官との間で催涙弾が飛び交う騒動が起きていたため、警視庁は会場内外に私服警官を配置。熱狂して立ち上がることも許されないライブに「われわれの演奏会としては静かすぎる。（中略）受けてないのではないかとはじめは気にしたほどだ」というビートルズのプレス担当の声が出ていたと記事は伝えている。隔世の感があるのだが、ビートルズのあのおかっぱのような髪型が「男の長髪」「不潔」と言われ、エレキは「不良の聴く音楽」とされていた時代であった。

そんな時代に誕生した『マグマ大使』は、手塚治虫《てづかおさむ》が月刊漫画誌『少年画報』に連載していた人気漫画を原作に、後に『快傑ライオン丸』や『スペクトルマン』を手掛けるピー・プロダクション（ピープロ）の特撮作品だ。手塚とは旧知の仲であったピープロの鷺巣富雄《さぎすとみお》（うしおそうじ）が、実写化を嫌う手塚の了解を取り付け、映像化にこぎつけたのだという。

主役のマグマ大使は、アースという地球の創造主が、極悪な宇宙の帝王ゴアの手から地球を守るために作ったロケット人間で、空を飛ぶときはロケットの姿に変形する。敏腕新聞記者・村上厚の一人息子・マモルに、「友情の印」として渡した笛の音に呼ばれて出動し、地球を守るために戦う。ロボットではなく、「ロケット人間」というところがポイントで、心も感情もあり、誰かの命令に従うだけでなく、自分で善悪を判断して行動する存在として描かれている。マグマ大使には家族もあり、モルという妻と、マモルを模して作られたガムという息子がいる。ガムという命名は、もちろん番組がロッテの一社提供であったことと無関係ではあるまい。

東京〜新大阪間で開通したばかりの東海道新幹線ひかり号や、東京五輪に合わせて作られたばかりの首都高速などの新築建造物から、国会議事堂に東大寺や奈良の大仏までをも怪獣が破壊していく場面の緻密なミニチュアワークの見事さは、二一世紀の今見ても、圧巻である。アニメと実写の合成による表現も、独特の映像美を作り出している。全身黒タイツで、人間に化けて悪事を行う敵の戦闘員、人間モドキの描写も、「仮面ライダー世代」の筆者から見ると、ショッカーの戦闘員の原型を見ているようでおどろおどろしく、興味深い。

だが、何よりも、番組全体を貫く、明るく希望に満ちた空気こそが『マグマ大使』という作品の魅力ではないだろうか。

あこがれの生活様式がそこに

マモルとガムは、人間とロケット人間という大きな違いがあるのにもかかわらず、ガムが作られてすぐに、何のわだかまりも疑いもなく仲良くなる。どちらかが優等さを誇示することも、隷属することもない、すがすがしいまでに対等な関係だ。ちょっとした行き違いから喧嘩になることはあっても、根深い感情的対立は生まれず、力を合わせてゴアの悪巧みと戦う。

終戦から二〇年以上。経済的にも日々、豊かになってきたことを実感することができた日本で、人々が「ロボット」やそれを生み出す科学の進歩を、素直に「よいもの」として受け入れていたことが、ここからは見て取れる。生命科学が人々の予想を超えて発達し、倫理的な問題が指摘されたり、人工知能の発達に懸念が示されたりして、必ずしも科学の発達がバラ色とは思われていない現代とは、決定的に違うのだ。

岡田眞澄《おかだますみ》演じる「パパ」は陽気で勇敢で、いつでも堂々としている。誰にも媚《こ》びないし、聞けば何でも知っている。旧来の家父長制に裏打ちされた日本の父親像とは全く異質の父親だ。演じているのがハーフの岡田ということも大きいのだが、イーデス・ハンソンら欧米人キャストと並んでも遜色ないルックスの父親は「お父さん」というより「パパ」という呼び方がしっくりする。家でも、決してステテコ姿でくつろいだりはしない。「ママ」（八代万智子《やしろまちこ》・演）だって、着物に割烹着《かっぽうぎ》ではなく、おしゃれにスーツを着こなしている。

マモルの家庭の描写からは、日本の家族像の変化も透けて見えて興味深い。まさにこの頃、核家族化が進行中であり、五五年頃まで約五人だった一家族の平均構成人数が、一気に三人台まで減少しているのだ。さらに、厚生労働省の国立社会保障・人口問題研究所の「出生動向基本調査」によれば、四五〜四九年には二一・四％にすぎなかった恋愛結婚が、四八・七％と、初めて見合い結婚を超えるのもちょうど六五～六九年のことなのである。

まさに、新時代を体現したような村上一家が住んでいるのは、瀟洒《しょうしゃ》な二階建ての一軒家。今で言うところのリビングルームには、白いレースがついた大きなソファーがならび、テレビやステレオらしきものも配置されている。この時代の人々のあこがれの的だった「応接間」のたたずまいがそこにはある。

そこに暮らす敏腕新聞記者のパパと専業主婦のおしゃれなママ、そして一人っ子のマモルとが休日には海に山にとレジャーに繰り出すというのは、六〇年代半ば（昭和四〇年代初頭）の庶民のあこがれのライフスタイルだっただろう。マモルにしても、演じているのは、都会的なルックスの江木俊夫《えぎとしお》だったし、作品に出てくる少年少女たちも、皆こぎれいで洗練されている。ゴアとの戦いの傍らで村上一家を中心に営まれる近未来的な生活もまた、『マグマ大使』の人気の一つの要因だったのではないだろうか。

歴史的巨大ヒーロー、登場

『マグマ大使』に遅れること一三日、七月一七日から始まったのが、「銀の巨人」『ウルトラマン』だ。「特撮の神様」円谷英二《つぶらやえいじ》率いる円谷プロダクション（円谷プロ）が、同年一月から放送していた『ウルトラQ』に続き手掛けた初のヒーロー作品で、たちまち視聴率三〇％以上をキープする人気番組となる。『ウルトラマン』は当初から「全米ネットにのせようという海外セールスにも積極的」な意欲作であった（読売新聞朝刊　一九六六年五月二五日付）。

円谷英二はこの二年前、当時、世界に二台しかなかった光学合成のためのオプチカル・プリンターをアメリカに発注していた。当時の価格で約四〇〇〇万円もする超高額な機械であり、英二の息子である円谷一《はじめ》が在籍していたＴＢＳが肩代わりして購入することになる。これも奏功した。この機械によって、より高度な光線技などの表現が可能となり、それまで誰も見たことのなかった映像がテレビに登場したのである。

ウルトラマンはＭ78星雲出身の宇宙人。怪獣ベムラーを追って地球にやってきた際に、パトロール中だった科学特捜隊のハヤタ隊員（黒部進・演）を事故に巻き込み、落命させてしまう。自分の不注意で地球人を死なせたことを悔いたウルトラマンは、自分の命をハヤタに与え、ハヤタと一心同体になって戦う。

特徴の一つが、胸についたカラータイマーだ。ウルトラマンは地球上では三分間しか戦えず、カラータイマーが青から赤になって点滅を始めると、「タイムリミット近し」という合図。当時の子供たちは、ピコピコするカラータイマーにハラハラし、テレビの前で必死にウルトラマンを応援したものだ。

この頃、家庭の三種の神器《じんぎ》と言われた「テレビ、電気洗濯機、電気冷蔵庫」に代わり、人々の憧れとなっていたのが「カー、クーラー、カラーテレビ」の頭文字をとった「3C」だ。そんな「3C時代」を反映して、『ウルトラマン』ももちろんカラー制作であり、だからこその「カラータイマー」だったわけだが、内閣府の消費動向調査によると、同年の各世帯へのカラーテレビの普及率はわずか〇・三%にすぎなかった。だから、カラータイマーの色が変わると、わざわざ「青から赤に変わった」というナレーションが流された。なにしろ、ウルトラマンの初回放送があった七月一七日付の読売新聞朝刊のラジオテレビ欄を見ると、カラーで放送されている作品は、全局合わせても、まだわずか一六本しかないのである。

ちなみに、翌六七年に放送が始まった『仮面の忍者 赤影』で、主役の三人の忍者が忍者でありながら赤影、青影、白影と色分けされているのも、カラーテレビの普及を狙ったスポンサー、三洋電機の要望に応じたものである。

経済成長と並走する『ウルトラマン』

時代は右肩上がりの高度経済成長の真っただ中にあった。

六五年の一〇月から「いざなぎ景気」がスタートし、以後、五七か月、五年近くにわたり実質成長率平均一一%超という空前の成長を達成し、日本は経済大国としての土台を固めていく。六八年には、GNP（国民総生産）が西ドイツを抜き、日本は世界第二位の経済大国となる。

東京オリンピックの興奮の余韻はまだ十分残っていたし、七〇年に大阪万博が開催されることも決まった。時代は祭りのような明るい空気に満たされていた。

吉川洋《よしかわひろし》（東京大学大学院経済学研究科・経済学部教授）は、この時代を「万事物事は『遅』から『速』へ、『暗』から『明』へと変わっていった」（『20世紀の日本6　高度成長　日本を変えた6000日』読売新聞社　一九九七年）と表現し、作家の村上龍は六五年の夏に新大阪駅のホームで「流線形の美しい列車」すなわち東海道新幹線を見たときの感動を「こんなに先端的で美しい列車が走るようになったのだからこれからの日本はさらに明るくなるということが、言葉や概念ではなく、皮膚から身体《からだ》に埋め込まれるような感じだった。だから、良い未来が待っているに違いないと、まったく疑いを持たなかった」（『ザ・クロニクル　5』共同通信社編　幻冬舎　二〇一五年　巻頭言）と記している。

マグマ大使と同様に、ウルトラマンも、そうした誰もが無邪気に科学の進歩や明るい未来を信じることができた時代の、希望に満ちた空気の中、誕生したヒーローであった。

番組は日本中に怪獣ブームを巻き起こし、第三七話「小さな英雄」では四二・八％という最高視聴率をたたき出す。以後、『ウルトラシリーズ』は『ウルトラセブン』『帰ってきたウルトラマン』と展開していく。七二年の『ウルトラマンA《エース》』では、『スーパー戦隊シリーズ』（以下では『戦隊シリーズ』あるいは『戦隊』と表記）が戦うヒロイン、モモレンジャーを世に出すより三年も早く、男女が合体して変身するという画期的なヒーロー像を提示するとともに、「ウルトラ兄弟」という設定を前面に打ち出す。エースのピンチに兄弟が駆けつけての共闘は、日本中の子供たちを狂喜させた。翌七三年にはウルトラの父と母の子、『ウルトラマンタロウ』が登場。同年暮れのオイルショックの影響を受け、いったんは『ウルトラマンレオ』でシリーズ終了を迎えたが、その後も、休止期間をはさみながら、脈々と歴史は続いており、二〇一五年七月からは新シリーズ『ウルトラマンX《エックス》』がスタートした。

一三年までに作られたのは劇場作品を除き、二七作。同年には「最も派生テレビシリーズが作られたテレビ番組」として、ギネス世界記録に認定もされている。

取り込む時事問題も巨大化、国際情勢に

『ウルトラマン』の時代の国際情勢に目を向けてみよう。

ベトナムでは一九六五年、米軍が北爆を開始し、ベトナム戦争は激化の一途をたどっていた。一貫して米政府を支持する、時の佐藤栄作首相に不満を持つ人々が日本国内でも「ベ平連（ベトナムに平和を！市民連合）」を結成し、反ベトナム戦争運動を展開。首相官邸前で抗議の焼身自殺をした七三歳の老人もいた。

『ウルトラシリーズ』は、こうした時代の空気をもまた反映し、「社会派」とも言える作品を多数、世に送り出した。二大ヒーローのもう一方、七一年に始まる『仮面ライダー』が東映娯楽時代劇の伝統を継いで、時事問題のエッセンスを取り入れながらも娯楽作に徹していたのとは対照的だ。

米国とソ連を思わせる二つの大国間の宇宙開発競争で、「人間衛星」実験の失敗により宇宙で行方不明になった宇宙飛行士が怪獣ジャミラとなり、自分を見捨てた地球への怨念を炸裂《さくれつ》させる「故郷は地球」（『ウルトラマン』第二三話）では、最後、ウルトラマンに倒されたジャミラは引きちぎった国際会議場前の万国旗に手を伸ばしながら息絶える。ジャミラの慰霊碑が建てられるが、その碑の前で施政者への不信感をあらわにするイデ隊員（二瓶正也《にへいまさなり》・演）の「犠牲者はいつもこうだ。文句だけは美しいけれど……」という台詞《せりふ》が投げかけられ、ドラマが終わる。なんとも考えさせられるラストシーンだ。

脚本を書いた佐々木守の著書によると、「ジャミラ」という名前は、五四年から六二年にかけて行われたアルジェリア独立戦争で凄惨な拷問を受けた少女の名前から取ったという（『戦後ヒーローの肖像』岩波書店　二〇〇三年）。

「宇宙囚人３０３」（『ウルトラセブン』第七話）ではベトナム脱走兵を思わせる宇宙の脱獄犯、キュラソ星人が出てくるし、「超兵器Ｒ１号」（『ウルトラセブン』第二六話）は大国同士の軍拡競争を「それは、血を吐きながら続ける悲しいマラソンですよ」と、セブンに変身するモロボシ・ダン（森次晃嗣《もりつぐこうじ》・演）に言い切らせる。

救いはどこに

社会派と言われる作品群の中でも、白眉は「ノンマルトの使者」（『ウルトラセブン』第四二話）と「怪獣使いと少年」（『帰ってきたウルトラマン』第三三話）だろう。

「ノンマルトの使者」では、海底の資源を求めて開発が進む中、実は海底に地球人以外の先住民族ノンマルトがいるということが明らかになる。ノンマルトは、海で死んだ少年の姿を借りて「（海底への）攻撃をやめてよ」と訴えるのだが、これを宣戦布告と解釈したウルトラ警備隊は、海底を攻撃し、ノンマルトを壊滅させてしまう。

「我々の勝利だ！　海底も我々人間のものだ」と叫ぶキリヤマ隊長（中山昭二・演）の言葉に、ウルトラセブンことモロボシ・ダンは「ノンマルトが地球の先住民で、もし、人間が地球の侵略者だったとしたら……」と悩むというストーリーだ。

一方、「怪獣使いと少年」は、地球に不時着した宇宙人「金山さん」と暮らす貧しい孤児の物語。「宇宙人だ！」とクラスメートや町の人の間で噂《うわさ》され、彼らは村八分にされてしまう。宇宙人はただ宇宙船を修理して宇宙に帰りたいだけだったのだが、人々の被害妄想は少年と宇宙人攻撃に向かい、駆け付けた郷秀樹《ごうひでき》（団次郎《だんじろう》〈現・団時朗〉・演）＝ウルトラマンの前で、宇宙人は警官に射殺されてしまう。

宇宙人の死で、彼によって封じ込められていた怪獣ムルチがよみがえって町を襲う。「怪獣を退治してくれよ」と叫ぶ町の人に「勝手なことを言うな」と怒りながらもウルトラマンに変身して、ムルチを倒す郷。

ドラマは、ぼろをまとった少年が、地球を脱出するために宇宙船が埋まっているはずの河原を延々と掘り続ける場面で終わる。ムルチは倒されたものの、周囲と違っているというだけで排斥されてしまう差別問題についての解決策は示されない。なんとも言えない結末は、五〇年近い時を経て、ヘイトスピーチが町中で行われる現代に、問いを突き付けているようだ。

沖縄の思いが突き付けられた

こうした異色作が数多く生まれたのは、「ノンマルトの使者」や「宇宙囚人３０３」を書いた金城《きんじょう》哲夫《てつお》と「怪獣使いと少年」を書いた上原正三《うえはらしょうぞう》が、そろって返還前の沖縄からやってきたライターだったことによる部分が大きい。「ノンマルトの使者」には、古くは薩摩藩《さつまはん》、そして当時はまだ米国の施政下にあった沖縄出身者としての金城の思いが込められているし、「怪獣使いと少年」にも「戦前も戦後もマイノリティーだった」沖縄の思いが織り込まれているといっても過言ではないだろう（読売新聞　二〇〇六年八月三日付　都民版「ウルトラマンを探して」）。

同じ記事の中で、上原はウルトラマンは空想の物語だったゆえに「普通のドラマでは描きにくいことを盛り込むことができた」とも語っている。人間が、突然光に包まれてアルカイック・スマイルを浮かべた巨人になり、体から光線技を出すという、「ありえない」設定。だからこそ、『ウルトラシリーズ』はこれほどたくさんの社会性のある作品を、生々しくなく作り出すことができたのだろう。

巨大ヒーロー、続々と

『ウルトラマン』、そして『ウルトラセブン』の成功は、様々な巨大ヒーローを誕生させていく。

一例をあげるなら、一九七一年、円谷プロが誕生させたのが『ミラーマン』だ。八〇年代の日本を舞台とした「近未来SF作品」で、二次元人の父と人間の母との間に生まれた鏡《かがみ》京太郎《きようたろう》（石田信之・演）がミラーマンになり、地球侵略を企むインベーダーと戦う物語だ。円谷の直系という意味では保守本流なのだが、『ウルトラマン』とはだいぶ趣を異にする。『ウルトラマン』の頃の希望に満ちた空気はすでに希薄になり、作品を、時に閉塞感が支配する。ミラーマンも未来に向けて胸を張るというよりは、たびたびピンチに陥り、そしていつも苦悩していたヒーローだった。何しろ、一番の見せ場であるはずの初回放送。ミラーマンお披露目の場面からして、ミラーマンは戦い方がわからず、いきなりピンチに陥っていた。番組中盤には、インベーダーによって体内に爆弾を仕掛けられ、戦える時間にも制約が課せられてしまった。次の章で詳述するが、七〇年代初頭を覆っていた「不安な空気」が円谷ヒーローにも影響していたのかもしれない。

蛇足だが、『ミラーマン』が描いたほどには輝かしい八〇年代を迎えなかったことは、すでにその時代を通りすぎてきた私たちなら知っていることだ。ただ、インベーダーの侵略、という予言だけは的中したと言えなくもないかもしれない。七八年頃から流行し始めた「インベーダーゲーム」は八〇年代初頭まで、日本中のゲームセンターを、喫茶店を「侵略」し続けていたのだから。

いずれにしろ、『マグマ大使』で始まり、『ウルトラシリーズ』が確立した巨大ヒーローものは、その後、特撮テレビ番組の柱の一つとなっていく。『マグマ大使』のピープロは『スペクトルマン』を誕生させ、『月光仮面』の宣弘社は等身大でスタートした『シルバー仮面』を視聴率の不振もあって、あっさり巨大化させる。その後も、七三年のオイルショックまでは、巨大ヒーローが次々と生み出されていくのである。

340《みしお》のみどころ 1:0 小二で、だめんず萌え——初恋はミラーマン

筆者の初恋は、ミラーマン、鏡京太郎だった。小学校二年の文集に「さようなら、ミラーマ

ン、あなたは鏡の国に帰っていくのね」と記し、同級生を呆《あき》れさせたほどだ。『ミラーマン』を見直すと、京太郎は、優柔不断な性格だし、新聞社の契約カメラマンなのに「怪獣出現」の特ダネは一枚も撮っていないダメ社会人だ。変身後も、あまり強くない。完全無欠の対極にいる「だめんずヒーロー」なのだが、そんなところも七歳の筆者をキュンとさせたのだろう。
　最終回は、まだ珍しかったテープレコーダーで録音した。テレビ前に置いただけなので、家族との会話も一緒に録音された。甘酸っぱい初恋とともに思い出すのは、一台のテレビを家族で囲んでいた懐かしい昭和のお茶の間の風景である。

ヒーローはなぜ巨大化したのか

　ところで、なぜヒーローは巨大化したのだろうか。なぜ、作り手の違う金と銀のヒーローは、まるで示し合わせたように、この年のほぼ同時期にそろって巨大な姿で誕生したのだろうか。

　二人の巨人の身長は、ウルトラマンが四〇メートル（当初の設定）で、マグマ大使は六メートル以上（敵に合わせて身長を変えられる）とされている。質感も、どちらも、それまでのタイツ風の布地から一転してウエットスーツを思わせる、人間的ではないものになっている。

月光仮面以来のヒーローは、それまですべて等身大だった。敵が巨大サイズのことはあっても、ヒーローは等身大サイズのまま、なんとか戦っていたのである。それなのに、なぜか突然の巨大化なのである。翌六七年には東映も横山光輝《よこやまみつてる》原作の『ジャイアントロボ』を世に送り出す。草間大作少年（金子光伸・演）の指令に従うジャイアントロボは、感情を持っているように見えるロボットなのだが、「彼」の身長もまた三〇メートルと巨大である。

テレビヒーローの巨大化は、映画『ゴジラ』（五四年）の成功から考えれば、必然だっただろう。日本が世界に誇る特撮技術を考えれば、登場がむしろ遅すぎたくらいなのかもしれない。

しかし、それでもこの時期に集中して巨大化ヒーローが現れたことには、何らかの意味があるような気がしてならない。

340《みしお》のみどころ 2・0 感涙必至の神回——日本中が「ロボ！」と泣いた

日本中の子供を泣かせた最終回が、『ジャイアントロボ』第二六話「ギロチン最後の日」だ。巨大化し、自分は原子力エネルギーの塊だから、攻撃したら地球が吹っ飛ぶとうそぶくギロチン帝王。すると突然、ロボが大作少年の命令なしに動き出す。「やめろ、ロボ」「ロボ、僕の命令をどうして聞けないんだ」と叫ぶ大作少年。しかし、ロボは無言でギロチン帝王を抱えて宇宙に飛び立つ。

口笛が哀愁を帯びたメロディーを奏でる中、宇宙を飛ぶロボは、自分の意志でギロチン帝王もろとも隕石《いんせき》に体当たりし爆発。「友達」である大作少年を、自分を犠牲にして守ったのだ。大作少年の「ロボー!」の絶叫とユニコーン機関全員の空に向けた敬礼に涙が止まらない。特撮史に残る場面である。

建設事情とヒーローのサイズの関係性

現実的な説明の一つは、ちょうどこの時期、日本初の超高層ビルが建設されていたことに影響された、ということになるだろうか。巨大ヒーロー誕生より少し前に、東京都心でのビルの高さ制限が緩和され、六五年には日本初の超高層ビル、霞《かすみ》が関《せき》ビルが起工された。地上三六階、高さ一四七メートルの霞が関ビルは六八年に完成し、これを皮切りに七四年までに一一六の超高層ビルが東京に建設されていく(『全集 日本の歴史 第16巻』荒川章二著 小学館 二〇〇九年)。

空に向かって伸びる高層ビルと息を合わせるように、ヒーローたちもまた、「大きいことはいいことだ」(六七~六八年の森永製菓のコマーシャルより)とばかりに巨大化したのではないだろうか。

ちなみに、六三四メートルの東京スカイツリーが威容を誇り、二〇〇メートル以上の超高層ビルも珍しくなくなってきた二〇一四年、円谷プロが作った近作『ウルトラマンギンガS』に登場するウルトラマンギンガやビクトリーの身長は「ミクロから無限大」と変幻自在な設定になっている。

心の拠《よ》り所《どころ》と巨大化の関係性

もう一つ思い当たるのは、古くから日本をはじめとするアジア圏には、大仏像や大きな観音像が存在していることだ。七五二年に完成した奈良・東大寺の大仏は、飢饉《ききん》や大地震が続く中、聖武《しょうむ》天皇が社会不安を取り除き、国の安定をはかるために建立《こんりゅう》したとされている。

高度経済成長の美酒に酔いながらも、「いつかこのはね返りがくるのでは」（『高度成長』保阪正康著　朝日新書　二〇一三年）という漠然とした不安があった時代に、人々が「現代の大仏」、巨大ヒーローを求めた、と言ったら言いすぎか。

世界的にも巨大な特撮ヒーローの存在は珍しいということは、特筆に値する。家も車も食べ物も、あれほど大きなものを好むアメリカでさえ、『バットマン』も『スパイダーマン』も等身大のタイツ姿だ。

もしかしたら、巨大ヒーローは大仏像の流れをくむ日本独自の文化なのかもしれない。

今も続く巨大ヒーローたちの物語。「現代の巨大仏」に今を生きる人々は、いったい何を祈っているのだろうか。

第二章

旋風巻き起こす
「石ノ森ヒーロー」

泣きながら戦うヒーローたち

右肩上がりの高度経済成長の風が吹く中、輝かしい未来に向かってすっくと立ったのが光の国からやってきたウルトラマンだとしたら、一九七一年に誕生した仮面ライダーは、経済成長の歪《ひず》みが表面化する中、時代の負の部分を背負って誕生したヒーローと言える。

どちらも昭和を代表するヒーローでありながら、見た目から戦い方、所属する組織の有無まで、すべてが対照的な『ウルトラマン』と『仮面ライダー』。何しろ、第一話のタイトルだけ見ても、『ウルトラマン』がスタイリッシュに「ウルトラ作戦第一号」とくるのに対して、『仮面ライダー』の方は「怪奇蜘蛛男《くもおとこ》」とおどろおどろしく、テイストが全く違う。

放送開始前年の七〇年に大阪・千里《せんり》で開催された万国博覧会が「人類の進歩と調和」をテーマに掲げ、屈託なく未来讃歌《さんか》を歌い上げる裏側で、この頃、国内では水質汚染や光化学スモッグなどの公害が深刻化、政府は公害対策本部を設置し、通称「公害国会」が開かれるなどしていた。経済成長優先だったツケが噴出した格好だ。

公害だけではない。急激な経済成長は農村から都市部への急激な労働力の流入をもたらし、農村部では過疎問題を、都市部では人口の増加に住宅や下水道整備などが追いつかないという過密化にともなう様々な問題を引き起こしていた。『仮面ライダー』の放送がスタートした七一年四月三日付の読売新聞朝刊では、統一地方選の実施を目前に、全国市町村長へのアンケート結果を一面トップに据えているが、ここで争点とされているのも、公害と過疎・過密の問題である。

経済成長だけを目標にひた走ってきた日本では、七〇年代初頭はこうした経済成長の歪みが見すごせないほどに表面化し、「成長至上主義が反省され」る時代となってきていた（『昭和経済史』中村隆英《なかむらたかふさ》著　岩波現代文庫　二〇〇七年）。

ＧＮＰだけを見れば、六〇年代後半に西側諸国で第二位となり、経済大国の仲間入りをしていたが、生活環境の整備は立ち遅れており、国民にはまだそんな実感はなかった。朝日新聞が七〇年五月から経済面の目玉企画として、「くたばれＧＮＰ」という連載をスタートしたのは象徴的である。興味深いのは、この連載の中で、東京二三区の下水道整備について触れている部分。なんと、すでに戦後を脱し、繁栄の中にあったように見えるこの時代に、東京二三区のトイレのうち、全体の実に六割が、まだ汲《く》み取《と》り式だったという。ＧＮＰ第二位の国の首都ではまだ下水道が完備されていなかったのである。経済成長の「偏り」や「歪み」がここからは透けて見える。

原作の石ノ森章太郎（当時は石森章太郎）が、仮面ライダーのモチーフに自然の象徴であるバッタを選び、エネルギー源を無公害の風力に設定したのは、こうした経済成長至上主義への反省の時代と無関係ではあるまい。

偶然の奇跡が生んだ『仮面ライダー』

仮面ライダーを表現する言葉は色々ある。いわく、「自由の戦士」「孤独のヒーロー」などなど。だが、あえてここでは「奇跡のヒーロー」という言葉を使いたい。

『仮面ライダー』の放送は前述の通り、七一年四月三日にスタートした。仮面ライダーに変身する本郷猛《ほんごうたけし》を演じたのは、当時、松竹映画で主演を務めるなど、スター俳優であった藤岡弘（現・藤岡弘、）。だが、記念すべき第一回の放送を、藤岡は自宅でも撮影所でもなく、病院のベッドの上で見ていた。スタントに頼らず、自らアクションをこなしていた藤岡だったが、初回放送の数日前に行われた第一〇話の撮影中にバイクアクションによる不慮の事故が起き、左足を複雑骨折、全身打撲と裂傷を負ってしまったのだ。怪我は重く、一時は再起不能とまで見られ、医者にも「絶対に完治は無理」と言われたほどで、満身創痍《まんしんそうい》の重傷であった。

主役の交代や別番組への差し替えまでが検討される中、これに強く反対したのが当時東映プロデューサーの平山亨《ひらやまとおる》だった。「ヒーローを殺してはいけない」と訴える平山の主張が通り、本郷猛は敵の秘密結社ショッカーを追ってヨーロッパに行ったということになり、本郷に代わって日本を守る仮面ライダー2号、一文字隼人《いちもんじはやと》が登場することになる。演じたのは、こちらも人気俳優の佐々木剛《ささきたけし》である。

たまたま、この頃、スタッフはバイクで風を受けて変身するというそれまでの変身スタイルに代わる、もっとわかりやすい「何か」を模索していた。そこで考え出されたのが二刀流と日本舞踊を合体させた「変身ポーズ」。ちょうど主役交代のタイミングと重なり、初登場の佐々木がこのポーズをお披露目することになった。

窮余の一策と偶然の方針変更と。しかし、きっとそれは運命だったのだ。その二つこそが『仮面ライダー』を、日本を代表するヒーロー番組に押し上げる要因となった。子供たちが簡単に真似できる変身ポーズは大人気となり、「変身ブーム」を巻き起こす。九死に一生を得て、過酷なリハビリに耐え、奇跡の復活を果たした藤岡は、まだ足の骨の中に鉄の棒が入ったままではあったが、七二年一月の桜島ロケ編（第四〇、四一話）で復帰。復活を待ち続けた平山らの熱い思いに応えてみせた。桜島ロケをなんとか乗り切った藤岡は、その後もリハビリを続けながら、足の鉄の棒を抜き取るためさらに二度にわたる手術を経て、その後の撮影を続行していった。ダブルライダーの揃《そろ》い踏《ぶ》みは日本中の子供を狂喜させて、実に三〇％を超える視聴率をあげる。第四〇話の放送は正月も正月、通常なら特番が放送される一月一日だから、ライダーの人気のほどがわかろうというもの。2《ツー》クール、全二六話の予定だった『仮面ライダー』が平成の今につながる『仮面ライダーシリーズ』（以下では『ライダーシリーズ』あるいは『ライダー』と表記）に「変身」した瞬間だった。

翌七三年には、1号&2号のダブルライダーに改造された『仮面ライダーV3《ブイスリー》』が登場。V3に変身する風見志郎《かざみしろう》を宮内洋《みやうちひろし》が好演し、ぎりぎりまで追い込まれる激しいアクションと「V3に合わせて通常の三倍の火薬を使った」と言われるほどの迫力ある爆破シーンなどで、人気を不動のものとしていく。七四年には、開催を翌七五年に控えた「沖縄国際海洋博覧会」を視野に、深海開発用改造人間の『仮面ライダーX《エックス》』が誕生。以後、野性を強調した『仮面ライダーアマゾン』（七四年）、友人の仇《かたき》を討つため自ら改造人間となった『仮面ライダーストロンガー』（七五年）と続いていく。

七〇年代のヒーロー番組人気は現在では考えられないほど過熱しており、当時の読売新聞紙面には、ライダーキックの真似をして死亡した子供についての記事も掲載されている。怪我をする子供も多く、第六八話「死神博士　恐怖の正体？」では、藤岡演じる本郷らが「仮面ライダーがどんな危険を冒してトレーニングするか、見せてやる」と、子供たちに安易に真似をしないようにとの呼びかけを行う場面が作られた。

カルビーから発売された一袋二〇円の「仮面ライダースナック」は、おまけの仮面ライダーカード欲しさに本体の菓子を捨てる子供が続出し、社会問題とされた。七二年一

○月九日付の読売新聞夕刊では「団地のゴミ箱、菓子の山」としてこの問題を報じ、東京都教育庁が都内の全公立校を対象に実態調査に乗り出したと書いている。

ことほどさように、仮面ライダーは番組消滅かという絶体絶命のピンチを跳ね返し、国民的ヒーロー番組の地位に上り詰めた「奇跡のヒーロー」だったのである。藤岡の怪我にしても、頭を打っていなかったのは奇跡的であり、咄嗟《とっさ》に柔道の受け身を取ったことで一命を取り留めたのである。

種明かしをしてしまうと、仮面ライダーのことを「奇跡のヒーロー」と表現したのは、前出の平山だ。二〇〇〇年代初頭に筆者が行ったインタビューで、平山は「奇跡の番組って僕は言うんだけどね。不思議なもので、アクシデントがあっても、よい方に転がるというのがあるんだよ」と話していた。

340《みしお》のみどころ 3・0 巨匠とコンタクト――石ノ森先生の思い出

中学高校時代の親友一家が石森章太郎（当時）先生のご近所さんだった縁で、一五歳の秋、先生がいつも原稿を描かれていた喫茶店にお邪魔した。『仮面ライダー』の原作者がそこにいる事実に緊張し、声も出なかったことを覚えている。

かろうじて「ライダーファンです」と名乗った筆者に先生は「女の子でライダーファンは珍しいね。だいたい『（サイボーグ）009』なんだよ」と言って、色紙にスカイライダーの絵を描いてくださった。

記者としてキャリアを積み、取材の機会も、と思っていた矢先、先生の早すぎる訃報を知らされた。だから、あの薄暗い喫茶店でのやり取りが最初で最後の先生との思い出だ。今でも色紙を見るたびに先生の優しい笑顔を思い出す。

制作の危機を救ったのは、粗末なスタジオ

少しだけ時代をさかのぼるなら、『仮面ライダー』の制作開始にあたっては、撮影スタジオの確保も、一筋縄ではいかなかった。当時、東映では労働組合が強く、長期にわたるストライキも珍しくなかった。四月からの新番組がストのターゲットとされ、制作がストップすることは必至と考えられたため、東京・大泉学園にある東映東京撮影所以外の場所を探す必要があった。そこで、制作を担当した内田有作《うちだゆうさく》が探し出したのが川崎市生田《いくた》のバラックのようなスタジオ。裸電球がぶら下がっているようなそのスタジオを「東映生田スタジオ」と命名し、半ば「スト破り」に近い形で撮影は始められた。

小田急線読売ランド前駅を降りて、しばらく歩いたところにあった生田スタジオ。怪我の功名ではないが、民家がぽつぽつとあるだけだった当時の生田は、番組ロケ地には事欠かなかった。このスタジオ所長に就任した内田は、映画『飢餓海峡』（六五年）な

どの名作のメガホンをとった内田吐夢《とむ》の息子である。

同じ「生田スタジオ」の名前だが、現在もテレビドラマの撮影が行われている日本テレビの生田スタジオとは全く別物。すでに取り壊され、スタジオだった場所とその周辺には今やマンションが立ち並ぶ。

労働争議華やかなりし七〇年代を象徴するような生田スタジオ。鬼っ子のようなそのスタジオは、雨が降るとトタン屋根に落ちる雨音でアフレコが中止になってしまうような、粗末なスタジオだったと内田は語っていた。

等身大ヒーローのスタンダード『仮面ライダー』

仮面ライダーは「ヒーローのスタンダードを作ったヒーロー」でもある。スタンダードは「ヒーローのクラシック」あるいは「ヒーローの古典」と言い換えてもいいだろう。現在の等身大ヒーロー作品のもとになるものは、すべて『仮面ライダー』に詰まっているといっても過言ではない。

その最たるものは、もちろん変身ポーズだ。当時、日本で子供時代を過ごした人で、変身ポーズをとったことがないという人はほとんどいないのではないか。ポーズと合わせて変身ベルトに注目が集まり、「光る、回る」のキャッチフレーズでおなじみのベルトのおもちゃが発売されるに至っている。人形やメンコだけではない、こうしたヒーロー周辺のグッズが多数発売されるようになったのも、『仮面ライダー』以降のことだ。

変身した途端、なぜか崖の上から登場してくる今ではおなじみの演出も、定番となったのは『仮面ライダー』からだ。聞き逃されがちだが、ヒーローが登場してポーズをとる瞬間に「シャキーン」とも「ピューン」ともつかない効果音（SE）が入るようになったのも『仮面ライダー』から。登場時以外にも、意識して聞いていると、ジャンプしたりキックしたり、あるいは怪人が登場して手を動かしたり振り向いたりするたびに、色々なパターンのSEが聞こえてくる。

現在、東映の『スーパー戦隊シリーズ』で整音・選曲担当の宮葉勝行《みやばかつゆき》は、「子供たちが変身ポーズを取りながら『シャキーン』とか言うようになったのは『仮面ライダー』以降。決めポーズに効果音を入れるのは、歌舞伎からきている日本人の感性なのではないか」と分析してみせる。

効果音とともに高い場所からヒーローが登場するところには、多分に東映娯楽時代劇の影響もあるだろう。娯楽時代劇がそうであるように、多少の矛盾は力業で押し切ってしまうところも「ライダー流」。

第五三話「怪人ジャガーマン　決死のオートバイ戦」にはこんな場面がある。バイクに乗っている本郷猛が心の中で「グランプリの優勝、俺の夢だ。だがその前に、まず悪魔の組織ショッカーの息の根を完全に止めることだ」とつぶやく。するとそこにいきなりジャガーマンが登場し、「愚かなり、本郷猛。息の根が止まるのは本郷猛、貴様の方だ」と声に出して叫ぶのだ。いや、それは本郷の心の声で聞こえていないはずだから、と、あれから四〇年以上たった今でこそ思うが、当時は筆者を含め誰も何の違和感もなく作品世界に引き込まれていたものだ。同じような「力業」は改めて映像を見直してみると、かなり多い。理屈で考えると明らかにおかしいことも多いのだが、少なくとも当時の視聴者の子供たちは、そんな矛盾に気付くでもなく、番組に夢中になっていたのである。

340《みしお》のみどころ 4・0 豪華な女優陣——多彩なライダーガールたち

「人質要員」ではあったライダーガールだが、彼女たちが『仮面ライダー』の世界に潤いをもたらした功績は大きい。彼女らは実に多彩な女優によって演じられていた。草創期には、ヒロイン、緑川ルリ子（真樹千恵子〈当時〉・演）の友人、野原ひろみ役を、島田陽子が担当。二一世紀になって島田にインタビューした際に「本郷さーん」と叫んでくれたときには感動に震えた。

すでにアイドルとして有名だった山本リンダも、大女優の中田喜子《なかだよしこ》も、後に女子プロレスに転向したミミー（現・ミミ萩原）もライダーガール出身だ。

珍しいところでは、鳩山邦夫《はとやまくにお》・元総務相夫人の高見エミリー（当時）も。選挙で手を振る姿に、ライダーに手を振るエミを重ねていたのは筆者だけか。

モーレツ時代の「特訓」

『仮面ライダー』が始まる前年、話題を呼んだ富士ゼロックスのコマーシャルがある。商品名の表示もナレーションもなく、ただ銀座通りを「ＢＥＡＵＴＩＦＵＬ」と書かれた紙を持って歌手の加藤和彦がふらふらと歩いていく姿に、「ビューティフル」を連呼している歌がかぶさるのみ。そして最後に一言「モーレツからビューティフルへ」という字幕が出るという斬新なコマーシャルだ。

だが、時代はまだ「モーレツ」の最中《さなか》にあった。日本のお父さんたちは「モーレツ社員」となって、休みもろくにとらずに働いていたのである。「モーレツ」の最中にいた人たちにとって、「ビューティフル」は、絵に描いた餅にすぎない。日本人が「ビューティフル」の追求を始めるのは、八〇年代、西武百貨店が「おいしい生活」なる名コピーを世に出した頃からである。

高度経済成長の陰の部分が表面化してきたとはいえ、それでもまだ成長のスピードは鈍ってはいない。

カラーテレビや掃除機、エアコンなど身の回りの家電製品は日に日に増えていき、家の中の景色を変えていく。大量消費社会の到来である。日本のそこかしこで赤土が掘り返され、ニュータウンという名の大規模で人工的な新都市が建設されていく。狭いながらも住環境は改善され、国民一人あたりの畳数は、五八年の四・九一畳から六・六一畳に増加した（前出『昭和経済史』）。七一年に銀座に第一号店がオープンしたマクドナルドは、戦後日本が追いつこうとしてきたあこがれのアメリカの風を吹かせたし、同年に発売された日清食品の「カップヌードル」をはじめとするインスタント食品は、まだ見たことのない未来の味がした。

今はよくなくても、明日は今日よりよくなることが実感できた時代は続いていた。誰もが、頑張ることでよりよい未来をつかめると信じていられた時代。だからこそ、スポ根ドラマや「頑張ること」がギャグではなく、真面目に受け入れられた。

そうした「モーレツ」時代を反映して、仮面ライダーは「特訓を重ねて強くなる」スポ根的なヒーローでもあった。シリーズには、たびたび泥臭い「特訓」の場面が登場する。

『仮面ライダー』第三一話「死斗！ありくい魔人アリガバリ」では、仮面ライダー2号、一文字隼人が怪人アリガバリに負けを喫し、ライダーファンの少年が重傷を負ってしまう。「ライダー……負けた」と病院のベッドでうわごとを言う少年を見て、自責の念にかられた隼人は戦う自信を喪失してしまう。その隼人を「おやじさん」こと立花藤兵衛《たちばなとうべえ》

（小林昭二・演）が平手打ちし、「たった一人の子供の願いもかなえてやれずに、やれ正義だの人類を守るだの、でかい口をたたくな」と叱りつける。

　決意も新たに荒野での特訓を行った隼人は、試行錯誤の末、新技を編み出し、アリガバリを倒す。隼人は仮面ライダーの姿のまま「戦場」から病院に直行し、窓越しに少年に勝利を報告し、「私は勝った。アリガバリを倒した」と言って激励する。

『仮面ライダーV3』第七話の「ライダーV3　怒りの特訓」では、ナイフアルマジロとの戦いに敗れ重傷を負ったV3が、藤兵衛に頼み、クレーンから吊《つ》り下げられた巨大な鉄球にひたすら体当たりをする特訓をして筋肉を強化。第八話「危し《ママ》V3！　迫る電気ノコギリの恐怖」でナイフアルマジロらを倒す。実はこれに先立って、志郎は町で出会った車椅子の少年（実は、敵の組織、デストロンに狙われている博士の息子）を「あとは自分との戦いだけだ。（中略）自分に勝つ。人間ってのはね、負けると思ったら、本当に負けちゃうんだ。な？　自分と戦うんだよ」と励ましているという伏線があり、だからこそ、V3は絶対に負けるわけにはいかなかったのである。

　いずれのストーリーでも、描かれているのは仮面ライダーの決してあきらめない姿勢であり、「頑張れば必ず困難を克服できる」という「教訓」だ。「モーレッツ」に頑張る仮面ライダーが、当時はギャグにされなかったのは、やはり時代がモーレッツを是としていたからだろう。当時の子供たちは、筆者も含めて、鉄球に体当たりするライダーの姿に、たび登場した。「人生で大切なこと」を教わったのである。こうした特訓話はシリーズを通して、たびたび登場した。

悲哀背負う「石ノ森ヒーロー」たち

特訓話もそうだが、仮面ライダーは、苦悩し、もがき、悲しみながら戦うヒーローでもあった。これも、少なくとも表面上は凛《りん》としたアルカイック・スマイルを変えずに戦うウルトラマンとは対照的なところだ。

そもそも、仮面ライダーは、敵組織である悪の秘密結社ショッカーによって改造され、脳改造手術の直前に逃げ出した改造人間だ。もう普通の人間に戻ることはできないという悲しみと孤独感とを抱えている。初期には、突然強化された力をコントロールできず、水道栓を引きちぎってしまったり（第一話）、姉が失踪して泣いている子供をあやそうとして子供の手にあざを作ってしまったり（第四話）と、改造人間の悲哀を感じさせる描写も多かった。

倒す相手の怪人たちは、やはりショッカーに改造され、脳改造まで施されてしまった元人間たちなのである。たとえば、第三話「怪人さそり男」には本郷猛の親友だった早瀬五郎が、さそり男として本郷に挑戦してくるというエピソードが描かれている。

たまたま逃げることができた自分が、逃げられなかった者を倒す。いわば、元同僚を、である。しかも、武器や光線ではなく、その手、その足で。だから、戦い終わってバイクで去っていく仮面ライダーの背中には、勝利の爽快感よりも、哀愁がにじんでいた。

仮面ライダーだけではない。この時代に登場した石ノ森章太郎原作のヒーローたちは皆、悩み、苦しみながら戦っていた。

七二年、子供向けの番組としては異例の午後八時からの時間帯で放送されたのは、『人造人間キカイダー』。主役のキカイダーことジロー（伴大介《ばんだいすけ》・演）は光明寺博士《こうみょうじ》が作った人造人間だ。光明寺博士は悪の秘密結社ダークに軟禁され、戦闘用アンドロイドの研究をさせられていた。光明寺がダークに対抗するために、善悪の判断のできる「良心回路」を取り付けて密《ひそ》かに作ったのがキカイダー。基地を脱出したキカイダーは博士の娘、ミツ子（水の江じゅん・演）とともにダークと戦うが、良心回路が不完全なため、悪に呼び戻そうとするダークの首領、ギルの悪魔の笛の音に再三苦しめられることになる。

ジローは、不完全な良心回路に悩み、かといって回路を完全にしたら「人間離れしてしまう」ことに苦しみ、ミツ子への恋心に葛藤する。

第一一話「ゴールドウルフが地獄に吠《ほ》える」では、自分と同じく良心回路を持つダークロボット、ゴールドウルフが現れる。同じ人造人間であるゴールドウルフを救おうとするキカイダーだったが、月が出ると作動してしまう月光電池によってゴールドウルフは狂暴化してしまう。やむなくとどめを刺した瞬間、月が隠れ、ゴールドウルフはもとの穏やかな人間体に戻る。「月がもう少し早く隠れていてくれたら」とつぶやき、爆発するゴールドウルフ。これを見たキカイダーの目からは、なんと、人造人間＝ロボットなのに、涙が流れ落ちる。

第二七話「バイオレットサザエの悪魔の恋」では、傷付いた女性型ダークロボット、バイオレットサザエをジローが修理してやる。なぜ敵のアンドロイドを助けるのかとミツ子に責められ、「ミツ子さんにはわからない。壊れかかった人造人間がどんな気持ちか」と言い返すジロー。最終的には、ダークの命令から逃れられないバイオレットサザエを倒すしかなかったのだが、バイオレットサザエもまた「美しい（人間体の）女の姿で死にたかった」という女心をにじませながら爆発してしまうのだ。

頭部の機械がむき出しになっているキカイダーはルックスからして、一種グロテスクであり、当時は苦情が殺到したという。ストレートにカッコいいとは言えない不完全な容姿と、不完全な「心」。キカイダーもまた苦悩し、悲しみを引きずるヒーローだった。

340《みしお》のみどころ 5・0 気高き自己犠牲 ——君こそ、ライダー4号

デストロンはプルトンロケットで東京壊滅を狙う。『仮面ライダーV3』第五一話「ライダー4号は君だ!!」は、ライダーマン（山口暁《やまぐちあきら》〈後に山口豪久《たけひさ》〉・演）がロケットに乗り込んで軌道

を変え、自らを犠牲にして日本を守る感動の話だ。

大爆発後の空を見上げ、V３・風見志郎（宮内洋・演）が「君は英雄だ。俺は君に仮面ライダー４号の名を贈るぞ」と語りかける。バックに流れる「ぼくのライダーマン」に泣かされる。その後、実は無事だったとして、ライダーマンは復活。色々意見はあろうが、筆者はヒーローにふさわしい奇跡の復活だと思っている。一方、演じた山口豪久は一九八六年、四一歳の若さで不帰の人となった。現場では、ファンにも優しい人だった。昭和ライダー勢揃いは、もう見られない。

繊細さゆえ苦悩する異形のヒーローたち

仮面ライダーやキカイダーだけではない。

どこかグロテスクな容姿という意味では、『イナズマン』（七三年）の二段階変身の前《ぜん》躯体《くたい》、サナギマンなど、とてもヒーローには見えないルックスだ。『変身忍者 嵐』（七二年）の嵐の顔も、今見るとちょっと怖い。

また、『ロボット刑事』（七三年）の主役のK《ケイ》の場合、人間の心を持っているために苦悩するキャラクターだった。上司である先輩刑事にはなかなか認めてもらえず、怒鳴られてばかり。子供が好きだが、一人で詩を書いているところをのぞかれて恥ずかしがるナイーブなところもある。六〇～七〇年代の集団就職で、地方から出てきた青年を思わせるキャラクター設定である。Kもたびたびロボットであることに苦悩し、巨大要塞《ようさい》であるマザーに悩みを打ち明ける場面が描かれていた。

『アクマイザー3《スリー》』（七五年）のザビタン、イビル、ガブラの三人のヒーローたちは、実は地球内部の空洞に暮らす新人類アクマ族。地上を攻めようとするアクマ族の方針に反発し、地底王国ダウンワールドを脱走した「裏切り者」たちだ。アクマ族にかつての親友を刺客として差し向けられて悩んだり、人間と異なる姿ゆえに差別されて悲しんだりする。

ちなみに、苦悩する石ノ森ヒーローたちの仮面には、目の下に涙のような線のあるものが多い。最近では、これは石ノ森章太郎が涙をイメージしたものとして「涙ライン」と呼ばれることもある。確かに仮面ライダーの目の下には黒い影のような部分があり、キカイダーにもイナズマンにも、ロボット刑事Kにも目の下にラインがある。そして実際、石ノ森ヒーローたちは、敵を倒してカタルシスを得るというより、殴った拳の痛みに泣きながら戦っているように見える。あのラインはヒーローが流す涙だったのかもしれない。ご本人に伺ってみたかった。

プロデューサー、平山亨の挑戦

当時の子供番組の「地位」が今とは全く違うことも、こうした「泣きながら戦う」ヒーローの背景にはあったと思われる。

テレビ時代とは言うものの、まだ映像界において「本編」と呼ばれる映画の地位はテレビドラマよりはるかに高かった。テレビの現場には、高い技術を持ちながら映画の現場を人員整理で追われてきた人も多かった。その中でも子供番組は「ジャリ番（組）」と呼ばれて蔑まれていた最下層だったのである。

いわば、虐《しいた》げられてきた者たちが、「負けてたまるか」とばかりに作ったのが、泣きながら戦う、心優しきヒーローたちの物語であった。

中でも、プロデューサーの平山の存在はこの時代のヒーロー番組を語るうえで大きい。この章でここまで出てきたヒーロー作品をプロデュースしたのは、すべて平山である。

平山は映画監督を志して東映の入社試験を受け、二度目の挑戦で入社した。京都撮影所に配属されたものの、テレビの普及にともない映画の仕事が激減したことにより、六五年に当時できたばかりの東京のテレビ部に配属となった。

部といっても衝立《ついたて》で区切られただけで、「テレビプロデューサー」といっても何をしたらいいかもわからない。そんな中から、平山は手さぐりでテレビ番組の作り方を学んでいく。テレビ番組をたくさん手がければ、少なくとも、京都を追われた仲間たちとずっと定年まで一緒に映像を作っていくことができるという思いが原動力だったと、平山は後に筆者のインタビューに対し語っている。

ともあれ、七〇年代の平山は次々とヒーロー番組を作り出す。一時は、平山プロデュースの作品が週に八本も放送され、「七時台の帝王」の異名を取ったほどだ。

その平山が、『仮面ライダー』について、かつて「労働者の味方として作った」と語ったことがある。当時、しきりに叫ばれていたのが「生産性の向上」という言葉。会社の幹部がしきりに強調するその言葉に平山は反発を覚えたという。「だって、生産性の向上って、連れてきたやつを死ぬまで働かせるように聞こえた。それじゃ、ショッカー（と同じ）じゃない。やらせる方（資本家）はいいけれど、やらされる方（労働者）はたまりませんよ」と平山は語っていた。「だからそれに対抗する虐げられた労働者の味方が仮面ライダーなんだよ」というわけだ。

つらくても戦う。仲間のために、虐げられている者のために必死になって戦うヒーロー。そこには平山の姿が投影されているようにも見える。

そして、全力で戦う平山らスタッフに、俳優たちも全力で応えた。初期のライダーの変身後やバイクスタントも、かなりの部分を藤岡が演じたのは有名な話だが、それだけではない。藤岡は第七一話の六甲ロケではロープウェーからぶら下がっているし、佐々木も第三九話で飛び立つヘリコプターに飛びつき、そのままぶら下がるアクションをこなしている。宮内に至っては「水があればはまる、滝があれば落ちる」なので、すべてのアクションが凄《すさ》まじいことになっているのだが、中でも第二一話でロープウェーからの片手宙づりを披露しているのは特筆に値するだろう。CGなき時代ということもあって、今見ると、びっくりするほど変身前の役者がアクションをこなし、それが作品にリアリティーと説得力を与えているのだ。どちらが正しいとは一概に言えないけれど、役者に怪我をさせないことが優先順位の上位になっている現在とは、隔世の感があるのは確かだ。

余談になるが、過剰なまでのアクションをこなしていた宮内が演じたV3の場合、爆発も過剰なまでに派手だった。映画の四国ロケの際には、爆薬を使いすぎ「爆発後、あたり一面に魚が浮いてきた」「島の形が変わった」という「伝説」まで作っている。

340《みしお》のみどころ 6・0 夢の共演で幕引き——昭和ライダーは仲が良かった

『仮面ライダーストロンガー』第三九話「さようなら！栄光の7人ライダー‼」は不世出の名最終回だ。世界中に散っていたライダーたちが日本に結集し、最後の戦いに挑む。子供たちが思い描いた夢をそのまま映像にした一作なのだ。

気を失ったおやじさんこと立花藤兵衛（小林昭二・演）のもとに、素顔の七人が集まる。藤兵衛目線の画面は、空をバックに輪になって自分を覗き込む懐かしい七人の顔を映し出す。感涙。戦い終わって藤兵衛がつぶやく。「終わったのか、長い長い戦いが」。そして、夕陽《ゆうひ》をバックにバイクで走り去るライダーたち。そこにかかる『仮面ライダーV3』と『仮面ライダー』の主題歌。何より、昭和ライダーが、反目せず協力しあう姿に、ほっとさせられる。

正義のためにではなく

「ヒーロー」＝「正義の味方」。現代で、この定義を疑う人は、まずいないだろう。だが、意外に聞こえるかもしれないが、石ノ森ヒーローの代表格、仮面ライダーは「正義の味方」ではなかった。『月光仮面』を作り出した川内康範が「正義の味方」という言葉に込めた思いとは、また別の思いが「正義の味方」を使わないことには込められている。

なぜ「正義の味方」ではないのか。答えは、『仮面ライダー』のオープニング映像の最後に流れるナレーションの中にある。ヒーロー番組でありながら、ナレーションに正義という言葉は一切出てこない。仮面ライダーが戦う理由は、正義ではなく「人間の自由のため」と説明されているのだ。

これこそが、少年時代に第二次世界大戦を経験した平山らのこだわりで、もとは番組の企画会議に参画していたシナリオライターの市川森一《いちかわしんいち》の持論だったという。平山も折にふれて「正義という言葉だけは使いたくなかった。ヒトラーみたいな独裁者だって『正義』を唱えるから」と言っていた。

　自分が絶対的な正義と思うからでも、ショッカーが異形だから戦うのでもない。人々が平和な暮らしを享受する「自由」を、親子が楽しく暮らし、恋人同士が語り合い、旅行に行き、おいしい食事をし、安心して眠りにつく、そんな生活を営む「自由」を奪おうとするから、ショッカーを倒さねばならないのだ。それが仮面ライダーであり、同じスタッフたちが作った七〇年代の石ノ森ヒーローの底流にある思想だった。

「よき時代」、終焉《しゅうえん》の気配

　それにしても、この時代のテレビ特撮ヒーローは石ノ森原作のものに限らず、『超人バロム・1《ワン》』にしても『快傑ライオン丸』にしても『アイアンキング』にしても、どこか暗い、アナーキーで不安な空気が画面に漂っている。そして、その暗さこそが、七〇年代の、特に等身大ヒーローの魅力であったとも思う。ちょっと暗くて危険な香りがするヒーロー。そのちょっとアウトローでいけない匂いが、筆者を含めた当時の子供たちを強烈に惹《ひ》き付けた理由のような気がする。

　作家の保阪正康はこの時代について、前出の著書『高度成長』の中で「『幸福』の下の『不安』」として「自分たちが今享受している『物量的幸福』が永劫《えいごう》のものとは考えられないとの不安を日常的にかかえた」と記している。七〇年代前半の、繁栄に向かって坂を駆け上っているように見える日本の足元に、どこか危ういものを、「こんなことが続くはずはない」という恐れのようなものを人々が感じていたゆえの、七〇年代ヒーローの「暗さ」だったような気がしてならない。

人々が危惧した通り、いいことは続かない。七三年、日本はオイルショックに見舞われ、翌七四年、実質経済成長率は戦後初のマイナス成長を記録し、高度経済成長は終焉を迎える。

製作費の高騰を受け、七二年には一〇作以上が作られていた特撮ヒーロー番組も、七八年には四本に落ち込み、特撮ヒーロー界はここから長い「冬の時代」を迎える。

どんな敵にもあきらめずに向かっていったヒーローにとっての「ラスボス」は、オイルショックだったということなのかもしれない。

第三章

悪の組織の変遷

七〇年代の空気色濃く

ショッカー、インベーダー、デストロン、ダーク、デスパー、ヤプール、ドルゲ、黒十字軍、グロンギ……。昭和から平成と、世紀をまたいで続くヒーローと悪との熾烈《しれつ》な戦い。最先端の研究施設や国会議事堂、国際会議場を襲ったかと思えば、幼稚園バスや村の交番、学習塾を毒牙にかける悪の組織は、いったい何のために広大な宇宙の中の地球、地球の中の日本に侵攻してきたのだろうか。

ヒーローが時代を映す鏡なら、悪の組織もまた、時代の負の側面を反映している。悪の組織という鏡が映す時代の暗部を追ってみよう。

日本でもっとも有名な悪の組織の代表格は『仮面ライダー』に登場するショッカーだろう。誤解されがちだが、ショッカーは「キー！」とか「イー！」と叫んでいる黒タイツに覆面の戦闘員の名ではなく、世界征服を企む悪の秘密結社の組織名である。姿を見せずに声だけで指令を下す首領をトップに、死神博士（天本英世・演）や地獄大使（潮健児《うしおけんじ》・演）らの日本支部大幹部、作戦を実行する怪人たち、その手足となって働く黒タイツの戦闘員らで構成される上意下達のピラミッド型組織がショッカーである。

ナチスドイツを彷彿《ほうふつ》とさせる悪の組織の描写は、ショッカーやその流れを汲むゲルショッカーのみならず、一九七〇年代の多くのヒーロー作品の特徴だ。『仮面ライダー』では、ショッカー日本支部初代大幹部のゾル大佐はナチスの残党という設定であり、番組後半には反ナチス運動をモデルにしたと思われるアンチショッカー同盟なる組織も登場した。作り手の多くが第二次世界大戦を実際に体験した世代ゆえの特徴と言えるだろう。

一方、怪人図鑑をひもとくと、ショッカーやゲルショッカーの怪人の出身地の多くは、南米やアフリカ、中東に偏っており、今なら大問題になりそうだ。まだまだ日本人にとってあこがれの「海外」はハワイやアメリカ、ヨーロッパあたりに限られており、それ以外の場所が心理的にも物理的にも遠かった時代。そうした国々に人々が夢と恐れを同時に抱いていたことを、怪人たちの出身地は映し出しているように見える。

海外旅行はすでに自由化されていたとはいえ、七一年に海外旅行をしたことのある人の数は、現代の年間約一七〇〇万人に対して、わずか一二六万八〇〇〇人。渡航先も北米やアジア、ヨーロッパが大半を占め、中東やアフリカは項目にも上がらない「秘境」だった（「運輸白書　昭和四七－五〇年版」運輸省　一九七二～一九七五年）。日本を訪れる外国人の数も年間六六万一〇〇〇人にすぎなかった。確かに、あの頃、東京でも地下鉄車内で外国人を見かけると、「今日、ガイジンがいた」とひとしきり話題になったほどだから、外国人はものすごく珍しい存在だったのだ。七〇年に開かれた大阪万博では、「外国人」にサインをもらうのが当たり前の風景だったのだから。海外からの旅行客が年間一〇〇〇万人を超えた現代では考えられないことだが、それほど遠く、異質に思っていた海外だから、無邪気に怪人たちの出身地として設定したのだろう（日本政府観光局「国籍／目的別　訪日外客数」二〇〇四〜二〇一三年）。

身近な問題が悪の作戦に通じる

ショッカーを読み解くキーワードの一つは「公害」だ。

前章でもふれたように、この時期の日本では公害が深刻化していた。仮面ライダー1号&2号と戦ったショッカー、そして後継のゲルショッカーはそんな高度経済成長の陰の部分を背負った集団といえる。

吸った人が倒れるデッドマンガスを撒《ま》こうとした怪鳥ギルガラス、貯水池に毒を入れようとしたギリーラ、ヘドロから殺人スモッグを作ろうとしたウツボガメス。川の水面は洗剤の泡などで覆われ、光化学スモッグ注意報で屋内にいることを余儀なくされた子供たちにとって、身近な恐怖でもあった公害を想起させる作戦を取る怪人は少なくない。

もう一つのキーワードは「過激派」だ。七二年には連合赤軍による「あさま山荘事件」が発生し、日本中が現地からのテレビ中継にくぎ付けとなった。後に連続企業爆破事件を起こす極左グループが形成されていったのも、七〇年代初頭のこの時期だ。平和なアパートの隣室で、「学生さん」が実は爆弾を作っている。街に過激派の若者の手配写真が貼られるような危うい時代の空気がショッカーには漂う。

ショッカーなどの組織の本拠地は「基地」ではなく、極左暴力集団と同じように「アジト」と呼ばれたし、そのものずばり、ヒルゲリラという名の怪人も登場した。クラゲウルフは過激派さながらにラッシュ時の新宿駅西口を襲おうとし、アルマジロングはガスタンクを爆破して東京と大阪を火の海にしようとした。

余談だが、同シリーズなど数多くのヒーロー番組を手掛けたことで知られる元東映プロデューサーの平山亨に聞いた話では、夜中に『仮面ライダー』の脚本原稿を届けるため移動していたシナリオライターが警察に不審尋問され、開けたカバンから「東京爆破作戦」の仮タイトルの草稿がでてきたため、過激派と間違えられた「事件」もあったという。時代を感じさせる話である。『仮面ライダー』以外でも、タイトルには「大洪水作戦!!」(『イナズマンF《フラッシュ》』第二五話)、「東京非常事態宣言」(『アイアンキング』第一二話)など、危険な匂いのするものが多く、七〇年代という世相を考えると、深夜の不審尋問に引っかかったらさぞかし面倒だったことだろうと推察する。

ちなみに、ショッカーはたびたび爆破や毒ガス作戦を企てていた印象があるが、後継のデストロン（『仮面ライダーV3』）の際には、第一六話でのミサイルヤモリによる「国会議事堂爆破作戦」がシナリオの段階で「やりすぎ」とNGになり、攻撃目標が石油コンビナートに変更になった、と『仮面ライダー1971〜1984』（講談社 二〇一四年）には記されている。国会議事堂も石油コンビナートも「やりすぎ」という点では同じだろうと思ってしまうのは、「九・一一米国同時多発テロ」やオウム真理教の「地下鉄サリン事件」などの大規模テロを経験してしまったからかもしれない。

国家転覆狙う

七〇年代独特の危険な匂いを漂わせる悪の集団は、ショッカーだけではない。『アイアンキング』（七二年）の最初の敵は不知火族《しらぬいぞく》という日本先住民族。二〇〇〇年前に渡来民族である大和《やまと》民族に日本を追放されており、末裔《まつえい》たちが日本政府転覆を狙い、次々と作戦を仕掛けてくる。それだけでも十分「危険な匂い」なのだが、第一一話「東京は燃えている」から登場する第二の敵、独立幻野党《どくりつげんやとう》になると、目的が国家転覆と理想政権樹立と、もはや完全に過激派集団である。全員日本人ながら、なぜかアラブ風の服装の独立幻野党は「新たな革命戦争の火の手を上げるのだ」（第一一話）、「やつ（アメリカの教授）は大和政府の帝国主義者どもと新しい同盟を結びにきた」（第一二話「東京非常事態宣言」）などと叫びながら、来日中の要人を誘拐したり、国会議事堂を狙ったり、国際会議場を爆破したり、とテロ活動を展開する。独立幻野党に入るためには、親兄弟とも縁を切って革命のためだけに生きねばならず、恋人への情を断ち切れない仲間に「貴様の革命的警戒心が試されているのだ」（第一二話）と自己批判を求めるあたりには、連合赤軍が起こした一連の事件の影響が見て取れる。

この第一二話では、独立幻野党に入党してしまった恋人、卯月《うづき》を追いかける玲子（夏純子・演）が登場する。襲われそうになったところを助け、卯月らを蹴散らした主役で国家警備機構エキスパートの静弦太郎《しずかげんたろう》（石橋正次《いしばししょうじ》・演）に、玲子は「あの人たちは革命のために戦ってる。自分の思想のために戦ってるわ。でも、あなたは、命令されて戦ってる」と言い放つ。まるでヘルメットをかぶった過激派が「官憲」に対して喧嘩を売っているような物言いである。あるいは、第一七話「アイアンキング殺害命令」では、独立幻野党の一員として死んだ弟について、姉が「弟は幸せ者です。だって、弟は自分の思想のために自分の考えを貫いて死んだんですもの」と語る。

『アイアンキング』の脚本を書いた佐々木守は『ウルトラシリーズ』や『柔道一直線』などのヒット作を多数手がけたシナリオライター。佐々木は日本赤軍の重信房子と親交があり、七三年にはレバノン・ベイルートで重信のロングインタビューを行い、重信の自伝『わが愛わが革命』（講談社　一九七四年）をまとめてもいる。佐々木のこうした新左翼への共感が、強く反映されたからこその、「独立幻野党」であり、まだテレビ界がそうした異端的な作品にもおおらかだったことをも示している。

『シルバー仮面』（七一年）では敵は「光の最小単位」である光子を推進エネルギーとする光子ロケットの秘密を奪いにくる異星人たち。同じ佐々木が書いた第二話「地球人は宇宙の敵」では、見るからに侵略者っぽい容姿のキルギス星人が、地球人は信用できないから、そんな強大な武器＝光子ロケットを所持させておくわけにはいかないと述べる。「月の石をだまって持って帰ったり、金星にロケットを打ち込んだりしたのは、いったい誰に断ったのだ。（中略）地球人は泥棒だ」と糾弾するのである。シルバー仮面も動揺していたが、ある意味、大いに正論であって、こちらがギクッとさせられる「悪」だった。

340《みしお》のみどころ7・0　問題はそこなのか？——ゾル大佐の生活指導

昭和の『ライダー』の敵幹部は個性豊かだ。死神博士（天本英世・演）や地獄大使（潮健児・演）もいいが、ゾル大佐（宮口二郎・演）の話を一つ。『仮面ライダー』第二六話「恐怖のあり地獄」での彼の初登場は印象的だ。戦闘員らが「ショッカーで最高の実権を持つ」幹部の到着をびくつきながら待っている。

最敬礼で迎えられたゾル大佐は、一人の戦闘員の前でムチを振りおろして怒鳴る。「服装が乱れている！　服装のたるみは精神がたるんでいる証拠だ」と。着目すべきは、そこなのか？

ショッカーは校則の厳しい高校なのか？　そもそも、あれは服なのかと疑問に思う。戦闘員は慌ててベルトのあたりを触っていたから、服なのかもしれない。じゃあ、中身は……という疑問に眠れなくなる一作。

ＳＦが予見した、不具合ある未来

ジョージ・オーウェルの近未来ＳＦ小説『１９８４年』を地で行くような悪の組織も存在する。

ユリ・ゲラーの「スプーン曲げ」などで七〇年代初頭にブームとなっていた「超能力」を取り入れた『イナズマン』（七三年）と続編の『イナズマンＦ』（七四年）。その後半の敵であるデスパー軍団のトップ、ガイゼル総統は、五万人の市民を閉じ込めた実験都市デスパー・シティの支配者だった。

第一二話「幻影都市デスパー・シティ」ではそんな人工都市の様子が描かれるが、市民は軟禁状態で、番号で管理されている。移動の自由も思想の自由もなく、読書も禁じられており、一五歳になると実験動物のようにデスパーによってサイボーグに改造される。この話ではレジスタンスの市民らがイナズマンを呼ぶことに成功するが、シティの外に出る特権欲しさに仲間を密告した少年によってレジスタンスは壊滅。その少年は姉に射殺され、姉も敵を誘い出して自爆するという悲劇的な幕切れを迎えた。

怪人のグロテスク化が暴走

七〇年代に漂うどこか不安な空気を反映したのが独立幻野党やキルギス星人、あるいはデスパー軍団なのだとしたら、デザインに反映したとしか思えないのが『超人バロム・1』の敵、ドルゲ魔人たちだ。同作は、当時、変身もののトップを走っていた『仮面ライダー』との差別化をはかり、『仮面ライダー』を追い越すことを目標に作られた意欲作。変身するのも小学校六年生の二人で、友情の力で変身するから、喧嘩中だと変身できない、という斬新な設定だ。敵である宇宙の悪、ドルゲは様々な魔人を送り込んでくる。

敵側の不気味さでも、「『仮面ライダー』以上」を狙ったことはよくわかるのだが、あまりにも気持ち悪くて、七二年の本放送当時、小学生だった筆者は画面を正視することができなかった。初期に登場するイカゲルゲの吸盤のリアルさやナマコルゲのイボイボくらいまでは、まだなんとか指の隙間から見ることができても、夏休みシーズンを狙って作られた通称「人体魔人シリーズ」のクチビルゲやヒャクメルゲ、ノウゲルゲ、ウデゲルゲは、「ちら見」することも無理だった。切った生首を抱えているクビゲルゲに至っては、現代での再放送は難しいレベルではないか。

今の言葉でいえば、それほど「キモイ」のがドルゲ魔人だった。筆者は二一世紀になるまで、長きにわたってシイタケを見ると吐き気がしていたが、これも第一二話に登場するキノコルゲと、ショッカー怪人のキノコモルグのせいだったと確信している。

「ドルゲ事件」で表出したマスコミの偏見

ドルゲは、ブラウン管の外で思わぬ「事件」に巻き込まれる。特撮ファンの間では「ドルゲ事件」と呼ばれる事件である。日本史の教科書に出てくる「ゾルゲ事件」とは全く関係ない。

兵庫県在住の西ドイツ国籍の音楽教師、ドルゲさんから、「小学生の息子が友達にいじめられる可能性があるから、名前を変えてくれないか」とのクレームが寄せられたのだ。これが報道されたことで、「ドルゲ論争」は全国のお母さんらも巻き込んでヒートアップ。ドルゲさんが「悪玉の名に自分と同じ名前を使うのは氏名権の侵害だ」として東京地裁に名前使用差し止めの仮処分を求める騒ぎとなった（朝日新聞朝刊　一九七二年八月二五日付）。

しかし、放送はすでに始まっているうえ、「ドルゲ」という名前は七〇年に『週刊ぼくらマガジン』（講談社）に連載された、さいとう・たかをの原作にすでに登場しているもの。よみうりテレビプロデューサーの佐野寿七《さのじゅしち》はドルゲさん側と協議を重ね、最終的には和解にこぎつけた。ただ、敵の一人、ミスター・ドルゲ（室田日出男・演）は第一二話でフェイドアウトし、第二九話からはドルゲは架空のものという「お断り」が入ることになる。子供番組でお断りが入ったのは、おそらく初めてだ。

余談になるが、朝日新聞朝刊の「天声人語」はこの問題について「テレビの視聴率第一主義」が「いたずらに刺激的な」「グロテスクで、見ていて気持の悪くなる」悪玉を生み出したと批判。「せめてドルゲという魔人が、もう少し愛すべき性格のものであったら、X君もこんなに悩まなくてすんだかも知れない」と結んでいる（一九七二年八月二八日付　紙面では「X君」の本名を掲載）。

だが、悪の組織は「愛すべき性格」でないから悪なのであって、これではまるで言いがかりである。朝日新聞が、というよりも、当時のマスコミが子供番組に対して、上から目線でものを言っていたことをうかがわせる記事であり、さぞかし当時の作り手は悔しい思いをしたことだろうと推察する。脇道にそれてしまったが、四〇年以上の時を超えて、一言反論しておきたいと思った次第である。

怪獣たちの「事情」

六六年から放送が始まった『ウルトラマン』の敵はどんなものだったか。敵の怪獣は、『ウルトラマンA』の異次元人ヤプールなどごく一部をのぞき、悪の組織には所属していない。怪獣は組織の構成員ではなく、個別の理由で地球に襲来したか、地球の中から発生した生き物として描かれている。

特筆すべきは、『仮面ライダー』などの等身大ヒーローと比べて、悪の側の事情が描かれるエピソードが多いことだ。

そもそも、シリーズを代表する敵であるバルタン星人（第二話「侵略者を撃て」）は、ハサミを持ち上げて不気味に笑っているだけではなく、実は核実験で故郷を失い、移住先に地球を選んでやってきた「宇宙難民」だ。ハヤタら科学特捜隊も一度は話し合いで人道的な解決方法を探そうとするのだが、バルタン星人の数が二〇億三〇〇〇万体と聞いて、態度を硬化させざるを得なくなる。バルタン星人たちはそんな地球の事情などおかまいなしに、移住を強行しようとして、結局ウルトラマンのスペシウム光線で倒される。宇宙船に乗っていたバルタン難民も、宇宙空間でウルトラマンのスペシウム光線によって宇宙船ごと爆破されたが、生き残りと思われるバルタン星人が、その後のシリーズにもたびたび登場し、地球を狙うようになる。侵略にきた側にも一理あると思わせるストーリーであった。

余談だが、バルタン星人の名前は、「アイドルを探せ」の大ヒット曲を持ち、前年来日したばかりの世界的人気歌手、シルヴィ・バルタンから取られたという説が定着しているが、実は、紛争が多発したことで「ヨーロッパの火薬庫」と呼ばれたバルカン半島から取られたそうだ。

あるいは『ウルトラセブン』第二六話「超兵器R1号」に登場するギエロン星獣は、地球人が開発した核兵器、R1号の実験で星を破壊され、地球を襲い放射能ガスを撒き散らす。

『ウルトラマン』第三五話「怪獣墓場」のシーボーズは、地球が飛ばしたロケットにぶつかったことで誤って地球に落ちてきてしまう。宇宙に帰りたいだけなのに、当然のことながら言葉は通じず、高層ビルに登るなどしたため、理不尽な攻撃を受ける。画面から聞こえてくるのは、シーボーズの切ない鳴き、いや、泣き声だ。

宇宙時代の到来が叫ばれ、「火星移住計画」も語られるようになった今、異星に暮らす生命体との遭遇もフィクションとは言い切れない。もし、バルタン星人が移住を求めてやってきたらどうするのか。火星に先住民族がいたら、どう謝ったらいいのか。画質の粗い六〇年代の映像の中で不気味に笑うバルタン星人たちは、五〇年近く未来に進んできた私たちにそんな問いを突き付けているようだ。

「美しい地球」を狙う敵

七〇年代を彩る多くの悪の組織の中で、異彩を放つのは、『スペクトルマン』(七一年)の敵、宇宙猿人ゴリだ。いや、スペクトルマンの敵というよりも、主役の、と言うべきか。そもそも、『スペクトルマン』の放送スタート時の番組タイトルは『宇宙猿人ゴリ』だったのだから。いくら当時、映画『猿の惑星』(六八年)が大ヒットしていたからといって、悪役の名をメインタイトルに掲げた特撮ヒーロー番組は、本作くらいだろう。

名前通りの姿の宇宙猿人ゴリは天才科学者だったが、「生まれながらの独裁者」の資質が災いして処刑されそうになる。それを助けた腹心の部下、ラーとともに故郷の星を脱走。宇宙をさまようちに地球にたどり着く。「最も美しい緑なる地球」を「宇宙の宝石」と讃《たた》えたゴリは、地球を「自分の欲望のために泥のように汚している」人類が許せないと憤り、人間を排除し、地球をわがものにしようとする。

ゴリは、ヘドロから生まれるヘドロンやカドミウムに汚染された青ミドロの息を吐くミドロン、スモッグを吐くモッグスのような、公害怪獣を地球征服の先兵として送り込んだ。怪獣のもととなったヘドロやスモッグは、人間が作り出したものなのだから、皮肉な地球征服作戦である。

ひき逃げ事故にあった少年の精神エネルギーが作り出した怪獣クルマニクラスが登場し、ゴリがその力を取り込もうとするエピソードも登場した(第二三話「交通事故怪獣クルマニクラス!!」、第二四話「危うし!!クルマニクラス」)。言うまでもなく、光化学スモッグなど大気汚染の一因は自動車の排気ガスである。そして何より、七〇年代初頭、急速に進んだモータリゼーションによって、死亡事故が多発していた。「交通戦争」とまで言われていた時代を背景にしたエピソードではある。

しかし、スポンサーの意向が絶対とされる民放で、交通事故をモチーフにした怪獣がゴールデンタイムのテレビに登場するというのは、かなり思い切った決断だったのではないか。このエピソードは、怪獣が退治された後、現実の交通事故の場面が映し出され、最後は街角の交通事故の件数表示掲示板の大写しで終わるという問題作となっている。

あの手この手で地球を手中に収めようとしたゴリは、最終的にはスペクトルマンの活躍によって腹心の部下、ラーも失い、地球征服の夢を絶たれる。改心してその頭脳を平和のために役立てたらどうか、と提案するスペクトルマンの申し出をゴリは断り、誇り高く崖から飛び降り、自ら命を絶つ。これも、特撮ヒーロー番組の中の悪としては、異例すぎる最期《さいご》だった。悪の側にも三分《さんぶ》の、いやもしかしたらそれ以上の理があることを感じさせる幕切れであり、このゴリとラーという悪の二人組は、悪役でありながら、当時の子供たちの心に深く刻まれたのである。

340《みしお》のみどころ 8・0 **大人買いで雪辱——忘れ得ぬミミズ男**

「仮面ライダースナック」のおまけのカードがほしかった。大量買いして菓子を捨てるニュースを聞くたび「私なら必ずお菓子も食べるのに」と憤ったものだ。

厳しい両親が買ってくれなかったそれを、夏休みに青森・八戸《はちのへ》市《し》の親戚に、ついに買ってもらえた。「これがライダーカード……」と、わくわくしながら袋を開ける。「本郷猛か一文字隼人、滝和也もありだし、ダブルライダーも嬉《うれ》しい」と、胸をときめかせながら開けた袋からは……「ミミズ男」が出てきた。

よりによってミミズである。泣けないほどの脱力感だった。

二〇〇〇年前後に菓子とカードが復刻された。段ボールで三〇箱を購入して、やっと筆者はミミズ男の呪縛から解き放たれることができた。

現実の悪がフィクションの悪を超えたとき

昭和の悪は、現実世界の悪の影響を受けながら、それをデフォルメして表現することで、作品のメッセージを伝えてきた。しかし、時代が平成に移り変わる頃になると、フィクションを凌駕《りょうが》するような現実の悪の出現が、フィクションの中の悪に揺さぶりをかける事態が起こるようになってきた。

最大の事件は九五年三月に発生したオウム真理教による「地下鉄サリン事件」だろう。麻原彰晃《あさはらしょうこう》こと松本智津夫《まつもとちづお》（二〇一八年に死刑執行）に帰依《きえ》した信者が、教団への警察の捜査の攪乱《かくらん》などを狙って地下鉄にサリンを散布し、一二人の死者と数千人の重軽傷者を出した日本犯罪史上に残る無差別殺人事件が発生したのだ。事件の全貌が明らかになるにつれ、オウムの実態も明らかになってくる。VXガスという毒ガスによる殺人や教団本部からの炭疽菌《たんそきん》噴霧、新宿駅への青酸ガス発生装置設置、霞ケ関駅でのボツリヌス菌散布計画、薬物や電気ショックを使った洗脳、自動小銃の密造計画など。麻原が信者に対して「石油コンビナートを爆破するなどのテロ」を起こすよう命じていたことなども明らかになる。

乗り物やターミナル駅を狙った毒ガス散布や爆破計画は、七〇年代、幾多の悪の組織が試みてきた計画に驚くほど酷似していた。いや、これらの計画は、ありそうで現実にはない、荒唐無稽なものだとみなされていたからこそ、安心してフィクションの中で使われていたのだ。ところが、オウムは軽々と、そうした悪の計画を現実のものとしてしまったのである。

その結果、この時期、ブラウン管の中の悪たちは、違う方向に向けて舵《かじ》を切らざるを得なくなる。

たとえば、『戦隊シリーズ』の初期にはよくあった、秘密結社エゴス（『バトルフィーバーJ《ジェイ》』〈七九年〉）や機械帝国ブラックマグマ（『太陽戦隊サンバルカン』〈八一年〉）のような邪神をあがめる宗教的組織は、これ以後、シリーズの中に登場しなくなる。殺人ガスも出てこないし、毒物散布も姿を消した。

ちょうど九五年三月から放送が始まった『超力戦隊オーレンジャー』は、当初、地球を征服して人間を奴隷にしようとするマシン帝国バラノイアと、迎え撃つ国際空軍の職業軍人であるオーレンジャーとの戦いを描くハードSF指向の作品になるはずだったが、途中でハード路線は影をひそめ、バラノイアの作戦も催眠電波を発するバラグースカとか、数々の星をオナラで滅ぼしてきたバラスカンクとか、コミカル路線にシフトしていく。この余波で、お堅い軍人だったはずのオーレッドの星野吾郎大尉（宍戸勝《ししどまさる》〈現・宍戸マサル〉・演）にも、「実は趣味はケーキ作り」という属性まで加味されるに至った。

影響は同じく九五年に放送された『メタルヒーローシリーズ』（第九章参照）の『重甲ビーファイター』にも及んだ。敵、ジャマールの「洗脳作戦」は、アフレコ段階で言い換えを余儀なくされる。また、ビーファイターに協力する昆虫族の長老の名は老師グルだったが、「グル」がオウムの指導者を指す言葉だったことから、続編の『ビーファイターカブト』からはただの「老師」になっている。

翌九六年の『戦隊シリーズ』『激走戦隊カーレンジャー』に至っては、敵は宇宙暴走族ボーゾックとなり、目的も地球征服や人類抹殺ではなく、自分たちの娯楽のために地球（彼らは「チーキュ」と呼ぶ）を花火のように爆発させる、というただただ傍迷惑《はためいわく》なものとなる。「HH《ホイホイ》ワッショイショイ」「UU《ウスウス》ウッス」などを名のる怪人は、ロボット戦に備えて巨大化する際のアイテムも、呪術や機械ではなく、「芋長《いもちょう》（劇中の和菓子屋）

の芋ようかん」と、文字通り人を食った設定となった。

凶悪犯罪が多発し、簡単な理由で人命が奪われる現代は、ヒーローの世界で「悪」が存在することの難しさが増しているように見える。

二一世紀の迷い

二一世紀に入ってからも「悪の組織」は変化してきている。

代表的な例は、『ライダーシリーズ』に見ることができる。二〇〇〇年に放送がスタートした『平成ライダーシリーズ』においては、昭和時代のようなヒエラルキーのある敵側の組織が存在しない。第一作のショッカーのように、壁にかかったレリーフから「首領」が命令を下すこともないし、「キー!」「イー!」と叫ぶ戦闘員も白衣を着た研究者も登場しない。敵側の怪人たちは、どちらかというと寡黙、あるいは違う言語を用いる存在であり、自分から作戦の目的を謳《うた》い上げることはない。

『仮面ライダークウガ』(〇〇年)の敵、グロンギは、グロンギ語という特殊な言葉を使う一族で、その言葉は視聴者に対して字幕表示すらされなかった。組織の全貌も明らかにされなかったし、自分たちで定めたルールに従って行う殺人ゲーム「ゲゲル」が何のためであるかは最後まで解明されなかった。

『仮面ライダー555《ファイズ》』(〇三年)ではライダー自身がウルフオルフェノク(オオカミ

怪人）でもあり、逆にオルフェノクと呼ばれる異形の者たちがライダーベルトを手にすればライダーになることも可能という設定だった。『仮面ライダーオーズ／OOO』（一〇年）のグリード（怪人）は人々の欲望から生まれ、『仮面ライダーウィザード』（一二年）ではファントム（怪人）は、人々の絶望から生まれてくる。

『仮面ライダードライブ』（一四年）では、暴走して自我をもった人工知能たちが、人間を襲う。米国の未来学者、レイ・カーツワイルは、二〇四五年に人工知能が人類の頭脳を超えると予測しており、総務省が人工知能との共生を考える研究会を発足させた時代ならではの敵である。

かつての仮面ライダーとショッカーの対決の物語では、ショッカーを倒せば世界は平和になるはずだったし、視聴者は無邪気にそう信じていられた。そしてその戦いは同時に、ショッカーとライダーの物語に名を借りた、公害を出す企業や私腹を肥やす政治家、「腹腹《はらはら》時計《とけい》」（東アジア反日武装戦線「狼」が一九七四年に地下出版した爆弾ゲリラ教本）を読みながら爆弾を作って罪なき市民に犠牲を強いる過激派と、「私たち」との「戦い」でもあった。

だが、二一世紀の悪はつかみどころがない。悪は私たち自身が内包しているようにも見えるし、何者をどう倒せば世界に「平和」が訪れるのかもよく見えない。

そのうえ、『ライダーシリーズ』でも『戦隊シリーズ』でも、「被害者」が死ぬ描写がなくなって久しい。たとえ組織名はザンギャック（『海賊戦隊ゴーカイジャー』〈二〇一一年〉であっても、地球人は一人たりとも殺さない。一般市民は、毒ガスにやられても、おかしな薬を飲まされても、最後には救い出され、元の生活に戻っていくのだ。こうなってくると、いったい悪の組織が何をするから、ヒーローに叩《たた》きのめされなくてはならない敵なのか、よくわからなくなってくる。

ヒーローと倒すべき悪の境界は一層ぼやけ、物語は混沌《こんとん》としてきている。

確固たる悪は無理なのか

八〇年代後半の冷戦終結で、西側の価値観を絶対として、東側諸国を一方的に悪と見なす「鉄のカーテン」は消滅した。さらに、二〇〇一年の「九・一一米国同時多発テロ」事件とその後のイラク戦争は、人々の心に改めて「正義」というものへの疑念を生じさせ、「正義」が暴走したときの恐ろしさを感じさせた。それは現在進行形の過激派集団イスラミック・ステートとの戦いでも続いている。

特撮ヒーローの周辺で正義についての議論が起き、結果として番組の中の正義と悪の同質化が進んでしまった感すらある。

確かに、「正義」は一つではない。怪獣たちには怪獣たちの事情があるし、悪の軍団はそれぞれの「理想郷」を作ることを正義として地球に侵攻してきた。強者の掲げる

「正義」が胡散臭《うさんくさ》いことは歴史が証明していることでもある。

しかし、唯一無二の「正義」はなくても、「善いこと」と「悪いこと」は、確かにある。「人を殺してはいけない」「弱いものいじめはいけない」というような規範は、どんなに時代が変わっても変わらないはずだ。そして、そうした規範こそ、ヒーロー番組に伝えていってほしいものなのだ。

だから、その規範に敵対する「ワルモノ」たちには、もう少しシンプルに、しっかりした存在であってほしい。子供たちに絶対に染まってはならない「悪」があることを教え、大人になって善悪の判断に迷ったときに立ち返ることができる、そんな心の拠り所を構築するための反面教師となってほしい。

善悪の境目が混沌とする時代は、誰もが納得する「巨悪」が存在しづらい時代なのだろうか。だが、巨悪が存在できなければ、ヒーローもまた、存在することは難しい。

第四章

豊かさの歪みが露呈する時代、「川内ヒーロー」再び

川内康範、改めて「正義」を問う

日本が高度経済成長の道を脇目も振らずにひた走っていた一九七二年。

七月には田中角栄が戦後最年少（当時）の五四歳で首相の座につく。小学校卒業の学歴で首相にまで上り詰めた田中は「庶民派宰相」「今太閤《いまたいこう》」ともてはやされた。首相就任に先立ち田中が発表した政策構想『日本列島改造論』（日刊工業新聞社　一九七二年）は約九〇万部を売り上げるベストセラーとなり、これを起点に日本は熱病のような土地投機ブームに浮かされていき、地価は暴騰した。

戦争から四半世紀以上。暮らしは格段に豊かになり、戦争の記憶も、戦後の困窮した生活も過去のものとなりつつあった。そんな中、この年の一月、グアム島で終戦からずっとジャングルに身をひそめていた元日本兵の横井庄一さんが発見される。札幌《さっぽろ》五輪が開幕する前日に帰国した横井さんの「恥ずかしながら帰ってまいりました」という言葉は、平和と繁栄を享受していた当時の日本に衝撃を与えた。

テレビの世界では、七一年の『仮面ライダー』の成功に牽引《けんいん》されて「変身ブーム」が起き、ヒーロー乱立の時代を迎えていた。時代はちょうど第二次ベビーブームを迎えており、一年間の出生数も二〇〇万人以上と現在の倍近く、視聴者である子供の数も多かったのだ。

戦争の記憶も生々しい五〇年代に『月光仮面』で、まだ貧しかった日本の子供たちに「赦す」ことの大切さを説いた川内康範は、そんな時代に三人の新しいヒーローを送り出す。『愛の戦士レインボーマン』（七二年）に始まり、『ダイヤモンド・アイ』（七三年）、そして『正義のシンボル　コンドールマン』（七五年）と続く「川内三部作」と呼ばれるヒーロー群の誕生である。

すべてが規格外の『レインボーマン』

『愛の戦士レインボーマン』は、その頃放送されていた多くのヒーロー番組の中でもひときわ目立つ存在だ。

そもそも、変身ヒーローものでありながら、第一話では主人公のヤマト・タケシ（水谷邦久・演）が変身するシーンがない。番組タイトルでもある変身後のレインボーマンは、言い訳程度にイメージ映像が流れるだけだ。七〇年代という時代だったから、そして川内だったからこそ、こんなオープニングが可能だったのだろう。スポンサーが大きな力を持つ現代では、こんな第一作を作ったら担当の監督は、間違いなく更迭される。

異色なのはそれだけではない。レインボーマンが戦わないばかりか、第一話冒頭では世界地図が画面いっぱいに映し出され、舞台はいきなり第三次インド・パキスタン戦争の戦地なのである。

アマチュア・レスリング大会で相手に重傷を負わせたため、高校レスリング部を除名となったタケシは、プロ転向を目指すも、うまくいかない。そこで、プロレスラーになるために、ヨガの秘術を身につけた老聖人、ダイバ・ダッタ（井上昭文《いのうえしょうぶん》・演）に弟子入りすべく、単身インドに渡ってきた。タケシには足の悪い妹がいて、その足の治療のためにもプロレスラーになって金を稼ぎたいと思っているのだ。

だが、印パ戦争で交戦中の兵士に撃たれ、一度は命を落としてしまう。それを蘇生《そせい》させたのがダイバ・ダッタで、生き返ったタケシは弟子入りを許される。「お前自身の力でこの断崖を登ってこい」と言われて断崖を登りかけ、転落するところで第一話「奇蹟《きせき》の聖者」は終わってしまう。

続く第二話「レインボーマン誕生」では、タケシの修行が描かれる。だが、金を稼ぎたいという現世的な欲望の虜《とりこ》になっていたタケシの修行はなかなか前に進まない。そんなタケシをダイバ・ダッタは交戦地帯に連れて行く。そこで同じ人間同士が殺し合う悲惨さと、彼らを救い「己《おの》が命を尊いと思えば、他人の命も尊い。（中略）愚かな殺しはやめなさい。元の平和な暮らしに戻るのだ」と説くダイバ・ダッタの慈愛に満ちた姿に感銘を受け、タケシは私利私欲を捨て、修行に励むようになる。やがて、寿命を迎えたダイバ・ダッタの魂がタケシの体に宿り、「世界の人々の平和のために尽くす」レインボーマンとしての使命を果たすことを決意する。

ここまできて、ようやく七つの超能力を持つレインボーマンに変身して、インドの山奥から日本に向け、飛び立ったところで第二話も終了。ヒーローとしてレインボーマンの活躍が見られるようになるのは、実に第三話になってから。番組の視聴率の行方を決めるとされ、通常より派手な演出が好まれる第一話と二話で、派手な変身どころか、敵との戦いもないという、現在の放送業界だったらおそらく許されない、掟破《おきてやぶ》りの大胆なストーリー展開が『レインボーマン』の特徴なのである。

そんなレインボーマンと当時のその他のヒーローとの決定的な違いは、レインボーマンが宇宙人でもサイボーグでも超能力者でもなく、普通の人間にすぎないということだ。異形のものに変化する能力は、自ら迷い、苦しみながら行った修行の果てに身につけたもので、決して「超人」ではないのである。

「超人＝スーパーマン」ではないヒーローというのは、『月光仮面』以来の原作の川内のこだわりだ。川内は著書の中で「僕の作品の主人公というのは絶対変身しないんだよ。『レインボーマン』にしてもそうです。ひとりの人間はどれだけ修行をすれば、どれだけ可能なことができるか、それがモチーフとしてあるから」と語っている（前出『生涯助ッ人　回想録』）。後述するが、三部作のほかの二作品の主人公も、超人「的」な能力を持ってはいるが、すべて本人の努力で手にした能力であり、あくまで、もとは普通の人間である。

異色すぎる敵「死ね死ね団」

『レインボーマン』という作品で、ヒーロー以上のインパクトを持っているのは、敵の組織だ。名前からして、「死ね死ね団」である。

死ね死ね団の目的は、漠然とした世界征服や地球の乗っ取りではなく、ストレートに、「日本人の抹殺」である。組織は、日本人を忌み嫌う外国人たちによって構成されており、構成員には第二次世界大戦中に日本人に身内を殺されるなどして、日本に恨みを持つようになった者も少なくない。だから、単に抹殺するような作戦ではなく、日本人同士が不信感を持ったり、世界の中で孤立したりして、苦しむように仕向けるのである。

今という時代から振り返ると、高度経済成長のまぶしさと、その成長の副産物である公害などの濃い影ばかりとが目につくが、当時の報道を見ていくと、この頃、日本人の前のめりな「エコノミック・アニマル」ぶりは、世界中で警戒され、顰蹙《ひんしゅく》を買っていたようだ。七二年に日本貿易振興会（現・日本貿易振興機構、ＪＥＴＲＯ《ジェトロ》）が東南アジアで実施した対日イメージ調査では、日本は「ずるくて信用できない」がトップという残念な結果が出ている（読売新聞夕刊　七二年七月一〇日付）。英国のデイリー・ミラー紙が「日本人というのは、金もうけばかりを考えている人間の集まりである。いまやこの国のシンボルは金でつくった富士山に乗っかって一分《いちぶ》のスキもない服装をし、目をつりあがらせている欲張りの小男だ」と日本人への嫌悪感をあらわにしている（『くたばれGNP』朝日新聞経済部編　朝日新聞社　一九七一年）。

二〇一五年の日本の価値観では、すでに想像しづらくなってしまっているが、高度経済成長を遂げた日本が、その「頑張りすぎ」ゆえに国際社会の中で嫌われ者になっている様子が、当時の新聞からは透けて見える。

そんな「嫌われ国家日本」という構図を重ね合わせてみると、死ね死ね団には子供番組らしからぬリアリティーがあったことがよくわかる。

「外国人」がどこの国の出身かは明らかにされないが、首領のミスターK（平田昭彦・演）は、「ガッデム！」などの英語を多用していることから、英語を母国語とするか、公用語としている国の出身とみられる。

ちなみに、川内は「日本抹殺を策する英米欧各国の黄禍論への反論をモチーフとしてこれを書いた」と記している（『レインボーマン　ダイヤモンド・アイ　コンドールマン大全』岩佐陽一編　双葉社　二〇〇二年）。単なる「戦争中の恨み」だけではなく、敗戦国の焦土の中から立ち上がり、人口も増え、経済大国としての力を蓄えてきた日本への警戒論と、その背景にあるものを、川内はしっかり感じ取っていたのであろう。

死ね死ね団が日本人に復讐《ふくしゅう》するために取った謀略は、二一世紀の今見ても、いや今見ると余計に背筋が寒くなるようなものばかりだ。初期には、宗教法人「御多福会《おたふくかい》」を隠《かく》れ蓑《みの》にして大量の偽札をばら撒き、ハイパーインフレを起こし、食糧不足による飢餓を引き起こすという「M作戦」。中盤からは、地底戦車モグラートを使って大地震や津波を起こしたり、来日した要人を暗殺したり、天然ガス貯蔵センターを爆破したりすることによって「日本は危険な国」というイメージを植え付け、日本を国際社会の中で孤立させようとする、ヒーロー番組らしからぬ「高度な」作戦を取った。終盤には日本人全員をサイボーグ奴隷にしようとする「サイボーグ作戦」を展開したが、このときも並行して、日本経済の攪乱を狙って市中銀行に貯蔵されている現金の強奪を行っている。御多福会の存在など、一九九〇年代のオウム真理教の出現を予言していたようにすら思える。

こうした作戦に対して、レインボーマンはただ戦うだけではなく、M作戦で人々が飢えのあまり食べ物を奪い合って暴動が起きれば、霞が関の大臣室に乗り込み、食糧を無償で配給するよう政府に掛け合う（第二二話「一億人を救え!!」）。首都東京を爆破する作戦を察知した際にも大臣のもとを訪れ、都民に避難命令を出させている（第三九話「首都東京最後の日」）。颯爽《さっそう》と現れて戦うことが目的なのではなく、人々を救うのがヒーローの目的だということが強く打ち出されている。

汚職を追うルポライター

次作『ダイヤモンド・アイ』では、主役の通称ライコウこと雷甲太郎《らいこうたろう》（大浜詩郎《おおはましろう》・演）は「週刊ジャパン」の記者であり、大物政治家の脱税や悪徳企業による公害問題を追っている。特筆すべきは、主人公のはずのライコウは変身しないことだ。ライコウは不正を追う中で、スイス銀行から盗まれた世界一のブルーダイヤ「アラビアの王」の、悪徳政治家の絡む取引現場に行きあたり、敵につかまってしまい、窮地に陥る。そのとき、ダイヤの中から出てきてライコウを救ったのが、ダイヤの精である平和の使い、ダイヤモンド・アイ。アイから指輪を渡されたライコウは、以後、アイとともに戦うことになる。

敵は、悪徳政治家や企業家の弱みに付け込んで金を巻き上げる、いわば悪人の上を行く悪人集団の前世魔人《ぜんせいまじん》たち。リーダーのキングコブラは全アジア制覇を狙っている。新宿西口公園に仕事がない若者を集めて洗脳し、暴動を起こさせるなど、不安な世相を反映したような作戦も多い。

前世魔人たちは普段は人間の姿で悪事を働いているが、アイの「外道照身霊波光線《げどうしょうしんれいはこうせん》」を浴びせられると、「ばれたかー」と言いながら、実に醜い魔物の姿になってしまう。その姿も含め、寺に飾られている地獄絵のような描写である。一方のアイは、敵と戦うときに「天誅《てんちゅう》だ！」と言うことが多く、極めて神様に近い存在として描かれている。このアイと前世魔人の「汝《なんじ》の正体みたり」「ばれたかー」のやり取りは、子供たちの間で流行した。決して大人の思想を押し付けているだけでなく、子供心にアピールするポイントは忘れていないのである。

『ダイヤモンド・アイ』には「変身」という言葉は出てこない。代わりに、たびたびアイが口にするのは、「献身」という言葉だ。敵を倒した後、アイはライコウたちに「正義のために献身するのだ」と言って去っていくことが多い。残念ながら「変身」ほどに定着しなかった「献身」という言葉だが、「自分のことは考えないで、ほかの〈人／ものごと〉につくすこと」（『三省堂国語辞典 第七版』）という言葉は、「川内ヒーロー」の神髄であろう。

「献身」という言葉を体現するかのように、変身しない主人公のライコウが、毎回これでもか、というほど痛めつけられるのも本作の特徴だ。痛めつけられるというより、敵に素手でとことん立ち向かい、本当に自分一人の手ではどうにもならなくなるまで、崖から突き落とされようが、炎の海に飲まれようが、ライコウはアイを呼ばないのだ。そのため、第一〇話では一度凶弾に倒れ、命を落とし、アイに蘇生させられたほどだ。生身の人間が死力を尽くして戦うというのも、「川内イズム」。CGもなければ、ワイヤーアクションもない時代の、文字通り体当たりの殺陣《たて》は、その後の幾多のヒーロー番組のスタイリッシュなアクションとは全く異質だ。全身傷だらけ、顔は腫れ上がり、血まみれになるライコウからは、その痛みがまざまざと伝わってくる。ダイヤモンド・アイは、ランプをこすれば出てくるような、安直な神頼みを聞いてくれる神様ではないのである。

余談だが、ライコウの仲間の二人の名前は、カボ子と五郎。いずれも、『月光仮面』の祝探偵の助手、カボ子と五郎八から取られたものだろう。このあたりにも、川内の『ダイヤモンド・アイ』に込めた思いが感じられる。

340《みしお》のみどころ 9・0 今は亡き人々の思い――最後の四〇周年イベント

二〇一一年七月のイベント「仮面ライダー四〇周年記念 ライダー大集合！」を主導したのは、内田有作・元東映生田スタジオ所長と阿部征司《あべせいじ》・元東映プロデューサーだった。筆者も司会を仰せつかった。全キャストとスタッフを集めたいという思いは熱く、お二人は現役時代さながらの交渉力でフル回転。昭和ライダーを演じた役者がほぼ全員揃う奇跡のイベントが実現した。

しかし、イベント直前、内田は入院。車椅子で会場入りし、ファンの拍手に両手を挙げたのが最後の公式の場となった。阿部も一二年暮れに帰らぬ人となる。元東映プロデューサーの平山亨も一三年夏に逝去した。五〇周年を共に迎えることはできなかったが、お三方の熱い思いはこの胸にある。ずっと、いつまでも。

人間の欲望を象徴する敵

『ダイヤモンド・アイ』の終結から一年後の七五年に登場したのは、『正義のシンボルコンドールマン』。

本作も、主役のはずの三矢一心《みつやいっしん》（佐藤仁哉《さとうじんや》・演）が、第一話でいきなり死んで、米・ネバダ州の洞窟の中で荼毘《だび》に付されるという衝撃的なスタートを切る。一心は敵の手から古代ムー帝国の守り神ドラゴンコンドルとその子ゴールデンコンドルを守って命を落としたのであり、ムー帝国の呪術師によって、ドラゴンコンドル、ゴールデンコンドルと一体化して、コンドールマンとして再生する。姿かたちはかつての一心だが、一心としての記憶は全くないという少々ややこしい設定となっている。ちなみに、一心の職業は平和運動家。国連事務局次長を日本に招いた際に、戦いに巻き込まれた。

コンドールマンの敵は醜い人間の欲望から生まれたモンスター一族で、人類を征服しようとしている。

商社の社長に化けて食料品を買い占め、日本人を飢えさせるハンガー作戦を行ったサタンガメツクや、食糧大臣に化けて友好国からの食糧援助の荷を横流しして金儲《かねもう》けをしたゼニクレージー、日本の空をスモッグで覆い尽くそうとしたスモッグトン、日本をゴミの山にしようとしたゴミゴンなど、ここにもオイルショックや公害、ゴミ戦争といった当時の世相が反映されている。

主題歌も衝撃的

三部作を通しての共通点は、前述したように、どの主人公も「スーパーマン」ではなく「人間」だということだ。そして、超人的な力に対する畏敬の念を主人公が抱いている点も共通している。レインボーマンはダイバ・ダッタを崇《あが》めていたし、ライコウはアイという神の使者と友情で固く結ばれていた。コンドールマンにしても、コンドルの神様の力を人間が借りている格好だ。こうした人智《じんち》を超えた偉大な力への畏敬の念は、川内が北海道・函館《はこだて》の寺の四男坊であり、少年時代から大乗仏教を学んでいたことと大いに関係があるだろう。

さらに、三作そろって強烈なのは、それぞれの番組の主題歌や挿入歌の歌詞である。『ダイヤモンド・アイ』のエンディング「ライコウマーチ」が軍歌のようなリズムで「ペンがおれの刀だ」と「ブンヤ魂」を歌い上げるのはまだ序の口で、『コンドールマン』の主題歌「コンドールマン」は「いのちをかける価値もない　それほど汚れたニッポンの」（ともに川内康範・作詞）と、いきなり日本の全否定から始まる。それでも、そんな日本と日本人を守るために敢然と戦ってくれるのがコンドールマンだという文脈ではあるのだが。

最も強烈なのは、『レインボーマン』の挿入歌「死ね死ね団のテーマ」だろう。三部作の中で最も強烈というより、日本特撮史上、最も強烈な歌と言っても言いすぎではない。

「死ね、死ね」から始まるこの歌には、一番だけで「死ね」が二九回登場する。二九回「死ね」と唱えたうえで、さらに激しく「死んじまえ」とたたきつけてくる。歌詞も「日本人は じゃまっけだ」とか、「ぶっつぶせ」とか、「きいろいぶため」とか、物騒な言葉のオンパレードだ。とても「赦しましょう」というスローガンを掲げたのと同じ人が書いた歌詞とは思えない。だが、逆に、このあまりにもインパクトの強い歌があったからこそ、死ね死ね団の恐ろしさは際立ち、当時の子供にとって「忘れ得ぬ敵」になったのではないか。そして、それこそが川内の狙いだったのかもしれない、と、死ね死ね団の、現実世界の不穏な未来を予言していたかのような作戦の数々を改めて見直すとき、思うのである。

強く優しい母

もう一つの特徴として、ヒーローにとって母親が絶対的な存在として描かれていることをあげておきたい。

『レインボーマン』のタケシの母は、行方不明になった新聞記者の夫（作品中で殺される）の代わりにタケシを女手一つで育てている。息子が、おそらくは高校を中退してインドに旅立つ際にも、息子を信じて準備を整え、送り出してやる優しさと肝っ玉の強さを持った女性だ。その後の死ね死ね団との戦いで、何度東京に避難勧告が出ても、息子を信じて仏壇の前から動かない。そして、タケシも母親と妹のことをとても大切にしている。

『ダイヤモンド・アイ』のライコウの母になると、もっと気丈で、ライコウが頭の上がらない存在として描かれる。でも、ただ厳しいのではなく、筋の通らないことを許さない、「正しいことを貫け」という武士の母親のような厳しさなのである。第一四話「新たな敵ヒメコブラ」で敵の人質にされた母は悲鳴一つ上げず、毅然《きぜん》として息子に叫ぶ。「私のことはかまわずに、悪いやつをやっつけるのです」と。そのうえ、機転を利かせて、危機に陥っていたアイを救う方法までライコウに提案する。戦い終わって、アイが「お母さん、ありがとう」と頭を下げるシーンは、名場面と言えよう。ちなみに、母役を演じたのは、『必殺シリーズ』の中村家の姑《しゅうとめ》役《やく》を好演した、菅井きんである。

『コンドールマン』では、一心は、姿は息子であっても息子ではないわけだが、人間でない一心も、その母親の息子を思う気持ちを不用意に傷付けないようにふるまう姿が描かれており、母も、「一心」を息子同様にかわいがった。

強く優しい母親像は、川内が自身の母親を投影したものではないだろうか。川内の母は、商人の一代住職で私財の蓄えがなかった夫を支え、子供たちを育て上げたという。著書『おふくろさんよ』（マガジンハウス　二〇〇七年）の中で、川内は母親に「もしも困った人があれば、誰かに言われてやるよりも先に、自分から救いの手を差し伸べなさい」と無償の愛を教えられたと記し、「おふくろのことを、私は世の中で一番尊敬している」と書いている。ヒーローたちの母親にはそんな川内の「強くて優しい」母親への敬慕の念が込められている。そんなことを感じると同時に、川内の代表作の一つ「おふくろさん」の歌詞を勝手に改変した森進一への怒りは、だからこそあれほど激しかったのだ、と、ヒーローとは関係ないところまで納得させられてしまった。

平和、いまだ訪れず

たとえ普通の人間でも、誠心誠意、死力を尽くして挑み、己を鍛えれば、誰かを助けられる存在になれること、それこそが尊い行為であることを教えてくれた「川内ヒーロー三部作」。三部作最後のコンドールマンが太陽に還《かえ》って行ってから、二〇一五年でちょうど四〇年が経過した。

レインボーマンの敵、ミスターKは行方をくらましたまま消息不明だ。アイの敵、前世魔人は、もしかしたらそこら中にいるのに、外道照身霊波光線がないからわからないだけかもしれない。コンドールマンの敵、モンスター軍団のキングモンスターは最後に

「人間どもから欲望というやつは永遠になくならない。とすれば、我らモンスター一族も永遠に滅びることはないのだ」（第二四話「日本全滅?!キングモンスター」）と言い捨てて姿を消したまま。滅びたという噂は聞かない。

四〇年前よりさらに物質的には豊かになり、はるかに便利になった二〇一五年の日本で、彼らの作戦の数々が遠い過去のものだと言い切れるのかと自問せずにはいられない。私たちの身勝手な欲望からモンスターが生まれたり、気が付いたら前世魔人に加担していたり、自国の平和と安定だけを願うふるまいでミスターKの賛同者を増やしたりしていないだろうか、と。

同時に、ダイヤモンド・アイ、その人に思いを馳《は》せる。第四次中東戦争が勃発する前日の一九七三年一〇月五日に放送が始まった『ダイヤモンド・アイ』は、最終回「キングコブラ大決戦」で、日本とアジアの平和を守りきった後、「余の故郷、アラビアの空に不吉な影がある。余を必要とする人たちが待っているのだ」と言い残して中東に向け旅立っていった。

あれから四〇年以上たってもなお、アイが向かった地に平和は訪れていない。二一世紀の今、過激派集団イスラミック・ステートが悪逆非道の限りを尽くす中東の地で、アイはきっと正しき人のために戦っているのだと信じたい。

二〇〇一年に発売された『レインボーマン』ＤＶＤの封入冊子の中で川内はこう書い

ている。「果たして地上から戦争の無くなる日が来るのだろうか。その時を心から祈っている」と。

第五章

魅惑のカルトヒーローたち

ヒーロー番組、夜七時台を席巻《せっけん》

一九七〇年代は、特撮ヒーローのバブル期だ。

『ウルトラマン』に牽引された六〇年代後半の「第一次怪獣ブーム期」に対して、「第二次怪獣ブーム期」とも「変身ブーム期」とも呼ばれるこの時期、『仮面ライダー』の成功に刺激され、各テレビ局は特撮ヒーローものを競って作り始める。今では信じられないことだが、毎日午後七時〜八時台のゴールデンタイムにずらりと特撮ヒーロー番組が並んでいた。そんな時代があったのだ。

受験戦争に子供たちが巻き込まれていく少しだけ前。「教育ママ」はいたけれど、子供たちの多くは塾通いをすることもなく、夜は自宅でテレビにくぎ付けだった。まだ、ゲーム機もインターネットもスマートフォンも出現しておらず、子供たちの最大の娯楽は、テレビだったのだ。だから、その時間帯には子供視聴者を狙って数多くのヒーロー番組がひしめきあっていた。

もっとも、ヒーローの数が多くなれば、当然一人ひとりのヒーローのスペシャル感は薄れていく。なんとか自分たちの作ったヒーローをこそ、子供たちに見てもらいたい。

そこで、作り手たちは、あの手この手で自分のヒーローの差別化を図り始める。次々と繰り出される奇想天外なアイデア。ＢＰＯ（放送倫理・番組向上機構）も存在しなければ、「コンプライアンス」という言葉もなかった頃のテレビには、そうしたアイデアを受け止められる、いい意味での「ゆるさ」があった。「斜め」というにはあまりに斜めすぎる角度から切り込んでしまったヒーローの企画が、本気で映像化されていく。

特撮ヒーロー百花繚乱《ひゃっかりょうらん》の時代と言ってもいいだろう。テレビがお茶の間の主役だった時代に乱れ咲いた、徒花《あだばな》のような「カルト」なヒーローの数々を紹介しよう。

ショーで円盤を回す

最高視聴率三〇％以上をマークし、社会現象とも言われる人気を誇っていた『仮面ライダー』に、真正面から戦いを仕掛けたのは日本テレビだった。しかも、同じ時間帯にヒーロー番組をぶつけるという、真っ向勝負を挑む。「戦いの主役」の名は『突撃！ヒューマン!!』（七二年）。宇宙のかなた第４Ｍ星雲のヒューマン星からやってきたヒューマンが、悪のフラッシャー軍団から地球を救うために戦う物語だ。ヒューマンの地球上での姿は体操コーチの岩城淳一郎《いわきじゅんいちろう》で、夏夕介《なつゆうすけ》が演じた。フラッシャー軍団が地球征服のために送り込む怪獣と戦うため、ヒューマンに変身する。

こう説明すると、まるで普通の特撮ヒーロー番組のように思えるが、『ヒューマン』

には他のヒーロー番組とは全く異なる部分が一つあった。

それは、『ヒューマン』はステージ・ショーだったということだ。生放送でこそなかったが、公会堂のようなところで、客を入れたヒーローショーを行い、それを編集して放送していたのだ。もちろん、戦闘シーンも変身場面も、加工なしに、客の目の前で演じていた。変身には客の子供たちの協力が必要で、「ヒューマンサイン」という紙製の円盤を指にひっかけて一斉に回して応援するのだった。まさに、二一世紀の今、東京ドームシティの「シアターGロッソ」で行われる『戦隊シリーズ』の「素顔の戦士ショー」と同じことを、テレビ番組としてやっていたわけだ。「お化け番組」と言われていた公開放送番組『8時だョ!全員集合』のライブ感を意識していた部分もあるのだろう。

体操選手のような白タイツにタンクトップ状の上半身、目のあたりが銀色に乱反射する独特のマスク姿のヒューマンのキャラクターデザインは、ウルトラマンやウルトラセブンを手掛けた成《なり》田亨《たとおる》。ヒロイン役は、まだキャンディーズでブレイクする前の田中好《たなかよし》子《こ》という豪華さだった。

実は、当初、ヒューマン役は、仮面ライダーのスーツアクターを務めた大野剣友会の中村文弥《なかむらぶんや》にオファーされていたが、ライダーの裏番組であるため「仲間は裏切れない」としてこれを断った、という「ちょっといい話」も残っている。

しかし、豪華な布陣、意表をついた公開放送という特色をもってしても、強敵、『仮面ライダー』には全く歯が立たず、『ヒューマン』は1《ワン》クール、全一三回の放送で撤退を余儀なくされる。さらに、放送回数が少なかったうえ、当時としては珍しかったVTR収録であり、そのテープが再利用されてしまったらしい。これだけ映像ソフトがあふれかえる時代にあっても、『ヒューマン』の映像は現在まで発掘されていない。わずかに、仙台市及び近郊で放送終了後に行われたショーの模様を八ミリビデオで撮影したものが発見されただけである。ほんの一～二分の不鮮明な映像ではあるが、二〇〇九年に発売されたDVD『懐かしのせんだい・みやぎ映像集　昭和の情景』（仙台放送）に収録され、この幻のヒーローの姿を見ることができる。

ショー主導のヒーロー

一方、アトラクションショーで活躍するために企画されたヒーロー番組もあった。『仮面ライダー』など、東映等身大ヒーローのアクションを一手に手掛けていた大野剣友会が、ヒーローショーの聖地、後楽園ゆうえんち（現・東京ドームシティアトラクションズ）のために生み出した『UFO大戦争　戦え！レッドタイガー』（一九七八年）である。大野剣友会代表の大野幸太郎が原作を担当し、仮面ライダーV3などのスーツアクターを務めた中屋敷鉄也《なかやしきてつや》（現・中屋敷哲也）の主演で、東京12チャンネル（現・テレビ東京）で放送された。

テレビで人気が出たヒーローのショーをやるのは当たり前。そうではなく、ショーを行うためのヒーロー番組を考案するという「逆転の発想」の産物だった。ショー先行で考えられたため、レッドタイガーは全身が動きやすいタイツで、マスクも口元が大きくあいているデザイン。動きやすいと中屋敷ら中に入る人間には好評だったと聞く。

顔が怖い『白獅子《しろじし》仮面』

『突撃！ヒューマン!!』と同じ日本テレビがその翌七三年に世に出したのが、時代劇特撮の『白獅子仮面』だった。主演は『光速エスパー』でおなじみの三ツ木清隆。制作は『姿三四郎』などを世に送り出した大和企画で、京都映画と宝塚映画が協力して、京都で撮影された「本格派」時代劇である（『宇宙船SPECIAL ’70年代特撮ヒーロー全集』金田益実監修　朝日ソノラマ　一九九八年）。江戸時代を舞台に、大岡越前《おおおかえちぜん》と、火焔大魔王率いる妖怪との戦いを描く。

白獅子仮面は、大岡の配下の影与力の剣《つるぎ》兵馬《ひょうま》が二本の十手を使って変化した姿であり、その力は獅子面の神から賜《たまわ》ったものという設定だ。こちらの作品も長らくフィルムが行方不明とされていたが、二〇〇三年に発見され、DVDが発売された。

しかし、神の使者だから威厳を持たせようとしたのだろうか。とにかく、白獅子仮面の顔が怖い。妖怪側がのっぺらぼうや顔なし男など不気味なのは妖怪だから仕方ないとして、苦虫をかみつぶしたような、ほうれい線くっきりの銀色の面に、ザンバラの白髪という白獅子仮面は、ある意味、妖怪を凌駕する怖さだ。面が暗闇から飛び出してくる変身場面など、妖怪の登場にも似ていて、なぜこの演出になってしまったのか、理解に苦しまざるを得ない。

そもそも、変身前の剣が、たいがい強くて、白獅子仮面の有難みがわからないのである。変身したところで、飛び道具や光線技を使うわけでなし、飛び降りてみせる高層ビルもない江戸の町。それなら、人間体のまま戦ってもいいのでは、と突っ込みたくなってしまう。

大岡越前という時代劇界のスーパースターに権威付けを求めたものの、白獅子仮面が白馬に乗って江戸の町を疾走する以外、時代劇ヒーローらしい見どころはなく、1クールで終了。

同じ頃、フジテレビも特撮時代劇『魔人ハンター　ミツルギ』で人形アニメーションによる特撮を試みたが、こちらも1クール、三か月のはかない命であった。

トンデモ設定なのに半年も放送

その作品の映像は発売されていない。単独の紙資料も発売されていない。当時それほど話題になった記憶もない。

ないない尽くしだが、あまりの設定にかえって興味を惹かれるのが、『サンダーマスク』（七二年）。漫画連載は手塚治虫が担当した、レアな特撮ヒーローである。

サンダーマスクは、宇宙の魔王デカンダの地球侵略を察知したサンダー星連邦が、それを阻止するために地球に送った戦士である。

まず、トンデモ設定その一がここで出てくる。サンダーマスクは、間違って一万年前の原始時代の地球に着いてしまう。そこで、どうしたかというと、なんと一万年の眠りについてしまうのだ。果報は寝て待てなのか？　いや、一万年後に始まるのは侵略だから、全然果報ではないのだが……。映像が発売されていないので改めて検証することは不可能なのだけれど、どの図録にもそう書いてあるところを見ると、本当にそんな設定だったのだろう。ホンマかいな、とインチキ関西弁で茶化したくなる。寝る以外に、やることはたくさんあったのではないか？

一万年後に予定通り侵略が始まり、高瀬博士らに起こされたサンダーマスクの戦いが始まる。

ここで、トンデモ設定その二。サンダーマスクを伝説のヒーローたらしめている有名なエピソードがある。エピソードのタイトルは「サンダーマスク発狂」（第一九話）。登場する魔獣の名前はシンナーマン。もうこの時点で、現代では放送禁止確定である。

シンナーマンは、シンナー中毒者の脳の寄せ集めという危ない魔獣。魔王デカンダ様は、部下に命じて、このシンナーマンのシンナー漬けになった脳と、サンダーマスクに変身する命光一《いのちこういち》（菅原一高・演）の脳とを交換してしまうよう命じる。捕えられ、シンナーマンの脳を移植された光一は歌舞伎町らしき場所で、ゴミ箱に突っ込むわ、女性に抱きつくわと、シンナー中毒全開で暴れまわる。大成功だぜ、とご満悦の魔王様なのだが、まだその場に残っていたシンナーマン（脳はサンダーマスク）に突然襲い掛かられる。「何をする。わしはデカンダだぞ」とキレる魔王様に、手術を実施した博士が冷静に一言、「デカンダを襲うのは当然です。こいつは、体はシンナーマンでも、脳みそはサンダーマスクですからね」。それを聞いた魔王様、「しまった!!」と叫ぶのだが……。

どこから突っ込んだらいいのだろうか。四〇年後のウケを狙ってやっていたのかと思わされてしまうくらい、間抜けな魔王様である。『全怪獣怪人〈上巻〉』（勁文社《けいぶんしゃ》　一九九〇年）に掲載されている怪獣一覧によれば、シンナーマン以外の魔獣にも「溶岩の中で一万年眠っていた」メガトロンというのがいる。なぜそんなに寝たがるのだろう。さらに、茨城・東海村生まれの放射能魔獣ゲンシロンという物騒なやつもいる。

このサンダーマスク、売りは、「二段階変身」だった。「その場その場に応じて神出鬼没な変身ができるのです」と担当者が胸を張ったと、七二年九月五日付の読売新聞に掲載されている。だが、「二段階変身」と大風呂敷を広げてはいるが、一度、等身大に変身したあと、巨大化するというだけのお話なのだ。サンダーマスクに限らず、ミラーマンは等身大になったり巨大化したり自由自在に変わっていたし、シルバー仮面は視聴率不振で途中から巨大化した。二段階変身と言われてもねえ、と大人になってしまった今の筆者は思う。

それにしても、こうした、突っ込みどころ満載の愛すべき作品が火曜の午後七時から放送されていたのだから、七〇年代というのはシュールな時代である。いったいどこの放送局が、と思ったら、こちらも『突撃!ヒューマン!!』『白獅子仮面』と並んで、わが読売グループの日本テレビ(日テレ)であった。日テレ、カルトヒーローでは独走状態である。

340《みしお》のみどころ 10.0 強烈エピソード――首なし死体が飛ぶ

『アルジャーノンに花束を』(ダニエル・キイス著)を下敷きにしていることで知られるのが『スペクトルマン』第四八、四九話のいわゆる「ノーマン編」だ。

知的障害を持つ青年、三吉の知能が手術で格段に高まり、医学博士となる。ところが、副作用で彼は怪獣ノーマンになって、人の脳を食べるようになる。おぞましい運命を嘆き、「かつて」を懐かしむ三吉。人間の心が残っているうちに殺してくれと訴えるノーマンとスペクトルマンが、雨の中で戦う場面は秀逸だ。ためらいながらも、スペクトルマンがノーマンを倒す場面は、美しく、悲しい。

首から上がない死体が宙を飛んだり、女性が頭を食いちぎられたり、強烈な場面も多い。色々な意味で一九七〇年代特撮の底力を見せつける一作だ。

トラウマエピソード続々

カルトなヒーローを生み出したのは、「非主流派」の作り手だけではない。保守本流からも、異色なヒーローは生まれている。

円谷プロが「創立10周年記念作品」と銘打ったのが七三年の『ファイヤーマン』だ。誠《まこと》直也《なおや》演じる岬大介は、実は地底人ミサキー。よみがえった古代怪獣や宇宙人から地球を守るため、地上に送られた。SAF（サイエンティフィック・アタック・フォース）の一員として働きながら、危機になるとファイヤーマンに変身する。円谷プロが特撮ヒーロー番組の原点に戻ろうと企画したヒーローで、活動できる時間が三分であることや、ファイヤースティックをかざして変身することなど、『ウルトラマン』と類似の設定も多い。地底という設定は、同年、小松左京のSF小説『日本沈没』が映画化され、ブームを呼んでいたことと無関係ではないだろう。

10周年と銘打った割には登場する怪獣が地味だったことや、裏番組が『サザエさん』だったことで（途中で放送時間が変更された）、視聴率的には振るわず、七か月で打ち切りとなっている。

　もちろん、「円谷プロ10周年」を謳っているくらいだから、こちらは「トンデモ設定」ではない。でも、かなりな勢いで振り切れている。

　第二話「武器は科学だS・A・F」では、SAFの一員、水島を演じる岸田森《きしだしん》に「科学者は少し驕《おご》りすぎていましたね」と科学批判を口にさせており、単なる巨大ヒーローと怪獣の戦いだけに終わらせまいという意欲をにじませる。

　そして、岸田がシナリオを書いた第一二話「地球はロボットの墓場」が、満を持して登場する。宇宙人が侵略の歴史を語る演劇的な舞台回し。水爆実験の研究を拒否した水島の祖父が洞窟に隠れ、実は宇宙人に加担して地球人そっくりのロボットを開発していたこと、宇宙人はその精巧なロボットを日本人全員と入れ替えて日本を乗っ取ろうとしていることなどが滔々《とうとう》と語られる。宇宙人の長台詞の合間に挟まれる狂気の高笑い。

　そして、宇宙人は退治されるものの、作品は衝撃のラストシーンを迎える。水島の祖父が「孫」と紹介した、つまりは水島の妹になるはずの娘が、病院のベッドに横たわっている。その目は見開かれ、不自然な形に折れ曲がった体からは機械が露出している。つまり、彼女はロボットだったわけだが、彼女が作中でも歌っている「歌を忘れたカナリヤ」がエンドレスで流れて終わるという前衛的な作りで、実に後味が悪い。たまたまテレビをつけていた子供たちにとっては、トラウマになったのではないか。

さらに、第二四話「夜になくハーモニカ」では、少年の母が捨てたハーモニカが、夢の島のゴミの中からよみがえって巨大化し、捨てられた恨みのメロディーを奏でる。深夜のゴミ集積場の中、同じく捨てられたハープやギター、シンバルやバイオリンなどの楽器が巨大化して宙に浮かんでファイヤーマンの周りを取り囲む。彼らの無念を晴らしてやるべく、ファイヤーマンは次々に楽器を弾いてやり、楽器たちが成仏（？）していく。大量消費社会でゴミが激増、社会問題となっていた世相を背景にしたエピソードだが、延々と映し出されるゴミ処理場の風景と、深夜の夢の島の空中に舞う楽器たちがファイヤーマンを苦しめる場面は、一度見たら忘れられない。手も足もない単なる巨大ハーモニカを敵キャラとしたことも含め、昭和特撮ヒーロー史に残る異色エピソードと言えるだろう。

視聴率的に苦戦しながらも、こんな実験的な作品が次々と放映されていたのだから、七〇年代というのは侮れない。

戦うのは「おやじさん」？

番組タイトルになっているヒーローが主役ではないという、ひねくれた作品もあった。七二年放送の『アイアンキング』。主役は石橋正次演じる静弦太郎。国家警備機構のメンバーである弦太郎は武芸百般を身につけており、カッコよく戦うのだが、いざ、敵の巨大ロボットが出現したときにアイアンキングに変身するのは、なんと彼ではない。変身するのは、一緒に旅をしている三枚目の霧島五郎（浜田光夫・演）なのだ。フリーライターの石橋春海《いしばししゅんかい》はこの二人の関係を、「仮面ライダーに変身するのは本郷猛ではなく、おやっさんこと立花藤兵衛だった、ということ」と表現しているが、まさにそのくらい衝撃的な役割分担である（『伝説の昭和特撮ヒーロー』コスミック出版　二〇一四年）。しかも、弦太郎は五郎がアイアンキングであることがなかなかわからない。国家警備機構、大丈夫なのかと不安になる。

タイトル名のヒーローが主役でないという意味では、『ダイヤモンド・アイ』も同じかもしれないが、アイの場合、主役のライコウに召喚されるキャラクターであって、人間体があるわけではないので、アイアンキングの「まさかのおやじさん変身」とはちょっとわけが違う。

しかも、アイアンキングのエネルギーは水。戦い終えて変身を解いた五郎は、水をがぶ飲みする。スーパーヒーローというよりは、真夏の体育の授業後の小学生のようだ。当時、たまたまこの番組を見た筆者は、いったいどういうコンセプトで何が起こっているのかわからなくて、大混乱した記憶がある。

おまけに、そうまでして登場させているアイアンキングなのに、前半のストーリーでは巨大ロボット怪獣にとどめを刺すのはアイアンキングではなく、等身大の弦太郎。しかも、武器はムチ一本だ。じゃあ、アイアンキングいらないじゃん……、と突っ込む人は企画段階でいなかったのだろうか。

敵組織が政治思想を掲げていたり、当時すでに人気歌手だった石橋が、毎回ギターを弾きながら歌う場面が挿入されたりと、異色づくしの、見ていると、その異色さが癖になってしまうような作品であった。

突然、アニメに「変身」

ありそうでなかったプロレスという要素を取り込んだヒーロー作品と言えば、『プロレスの星アステカイザー』（七六年）である。原作は永井豪《ながいごう》と石川賢《いしかわけん》、制作は円谷プロで、新日本プロレスが全面的に協力して作られた。

東都プロレス所属の鷹羽俊《たかばしゅん》（島村美輝《しまむらみき》・演）が、速水《はやみ》博士が作った強化服と「世界で最も強い男に与えられる」アステカの星を身に着けて正義のレスラーとなり、兄を殺し、プロレス界の征服を狙うブラック・ミストと戦う。第一話「かがやけ！アステカの星」にはアントニオ猪木《いのき》も特別出演しており、ブラック・ミストについて「ああいうやつをのさばらせておいてはいけないよ。プロレスは正統な格闘技なんだ」と話している。

プロレス界の征服という野望が大きいのか小さいのか、そのあたりの判断は置いておくとして、『アステカイザー』の特徴は、実写のヒーローものなのに、最大の見せ場のはずの戦闘シーンになると、「カイザーイン！」の掛け声とともに、突然実写からアニメに切り替わってしまうことにある。実写では再現できないプロレス技を表現するためとのことで、「ドラマメーション」と銘打たれていた。ちなみに、アステカイザーの必殺技は、敵のボディーに穴をあけてしまうカイザークラッシュ。なるほど、CG以前の時代に実写でこれは表現できない。しかし、これを見ていた子供たちは混乱しなかったのだろうか。

アステカイザーは、二〇一四年末のプロレス興行「INOKI BOM-BA-YE」のエキシビションマッチに円谷プロ公認レスラーとして登場。一五年にはDVDも発売され、約四〇年ぶりにその雄姿を見せている。余談だが、ブラック・ミストの幹部、山本昌平演じるところのサタン・デモンは、今見ると、実写版バイキンマンにしか見えないことを記しておきたい。

340《みしお》のみどころ 11・0 過激表現、極まる——トラウマ必至の「生首」

上半身裸で眠る渡五郎《わたりごろう》（＝イナズマン、伴直弥《ばんなおや》〈当時〉・演）を相棒の荒井誠（上野山功一・演）が起こす。「腐女子的」な場面から始まる『イナズマンF』第二〇話「蝶《ちょう》とギロチン 花地獄作戦」は、それどころではない凄まじい話。

荒井の首が切られて転がるイメージ映像が意味なくリアルに挿入されたかと思えば、薄幸のゲストヒロインが操るケシの花の説明がカタカナ交じりの書き文字で呪いのように映される。CM明けは、波打ち際に転がるリアルな生首の群れ。敵がギロチンデスパーとはいえ、やりすぎだろう。ヒロインの幸せを壊れやすい砂の城に喩《たと》えた佳作だが、とにかく過激。最後にはデスパー少年兵が「人間の未来は？」の問いに「灰色ナノデース」と叫ぶ。トラウマになること必至だ。

人数がバブルの『忍者キャプター』

集団ヒーローものは奇数が原則なのだそうだ。かつて、平山亨に聞いた話だ。ヒーローに限らず、映画『第三の男』（日本での公開は一九五二年）やテレビドラマ『七つの顔の男』（六七年）など、確かに作品タイトルには奇数が多い。「奇数は当たるという妙なジンクス」があるという。そういえば、『秘密戦隊ゴレンジャー』（七五年）の五人は言うに及ばず、四人で始まった『ジャッカー電撃隊』（七七年）も途中で行動隊長、番《ば》場《ば》壮吉《そうきち》（宮内洋・演）を投入して五人にしている。実際、ヒーロー史をひもといてみると、偶数のヒーローがいないとまでは言わないが、偶数のまま、ヒーロー作品を「当てる」ことは難しいようだ。

というわけで、ゴレンジャーで五人の集団ヒーロー体制を実現した東映は、七六年には七人体制の『忍者キャプター』を作り出した。二日前に放送がスタートした『ザ・カゲスター』と並び、初めて「八手三郎」が原作者として表記されている作品である。「八手三郎」は、平山が使っていたペンネームで、後に東映テレビ部のペンネームとして広く使われるようになった。平山によると「やって候」から思いついた名前で、「やつで・さぶろう」と読む。

火や花などをモチーフにしたカラフルなスーツ姿の七人の忍者が、現代忍法を駆使して風魔《ふうま》忍群や甲賀《こうが》忍群と戦う。屋根瓦の上で立ち回りをしたり、風魔の血コウモリが本当に逆さに吊られて出てきたりと、迫力ある体を張ったアクションは、特撮バブル期の作品のお約束といっていいだろう。第一話のラストシーンでは、七人が東京タワーの鉄柱に勢ぞろいしている。これも吹き替えなしで、全員が階段を上って位置についたそうだ。

東映京都でオールスター映画のノウハウを身につけていた平山は、七人でも「一人一人が霞《かす》んでしまったことは無かったと思う」と語っている（『泣き虫プロデューサーの遺言状』平山亨著　講談社　二〇一二年）。確かに、今見ても『忍者キャプター』は楽しい。ただ、一人ひとりが霞むことはなかったが、やはりテレビの小さな画面にはいささか七人は多すぎた。アクションシーンの場面転換は忙しいし、左右に張り出しがあるキャプターカーも、七人全員が乗ると、終戦直後の買い出し列車のように見えた。

モチーフは『渡り鳥シリーズ』

特撮バブルも爛熟期《らんじゅくき》に入った七〇年代後半ともなると、ヒーロー版『渡り鳥シリーズ』まで登場する。宮内洋演じる『快傑ズバット』（七七年）である。親友を目の前で犯罪組織ダッカーに殺された私立探偵、早川健《はやかわけん》が、仇を討つため、親友が開発したズバットスーツを身に着け、日本各地にあるダッカーの配下の暴力団組織をつぶしていく。

黒のレザースーツに赤いシャツ、黒い帽子を目深にかぶった早川が白いギターをつま弾きながら現れ、用心棒たちに「（お前の）腕前は日本じゃあ二番目だ」と挑発する。「じゃあ、日本一は誰だ！」といきり立つ相手に目の前でチッチッチと指を振りながら帽子を上げて自分を指さし、肩をすくめて見せるポーズはキザの極みで、一度見たら忘れられない。何しろ、オープニングの最初のカットでセスナ機から降り立った早川は、カメラに向かって投げキッスまで決めているのである。これは宮内のアドリブで、カメラマンが吹き出してしまったそうだ。

各話のサブタイトルも「さすらいは爆破のあとで」（第一話）、「炎の中の渡り鳥」（第二話）、「悪い風だぜ港町」（第七話）、「さらば　瞼《まぶた》の母」（第二一話）と、いつ小林旭《こばやしあきら》が出てきてもおかしくないテイストだ。

ダッカー配下の暴力団は、企業から多額のみかじめ料をとっていたり、麻薬を売りさばいていたり、武器弾薬を密輸していたり、と、現実世界に存在していてもおかしくなさそうなワルである。女子供を誘拐したり、いかさま博打《ばくち》で土地家屋を奪い取ろうとしたり、悪逆非道の限りを尽くす悪人どもに、ズバットの怒りが爆発し、正義の鉄槌《てっつい》を下す。それとともに、友人殺しの犯人ではないかと迫る。否定した悪人にはとどめは刺さず、「この者、××犯人」というカードを置いて、早川はいずこかへ去っていく。まさに、渡り鳥そのままである。

あまりに個性的なズバットの企画は、初めから宮内ありきだった。平山は「宮内くんがダメだったら、もうこの企画は無理だと思った。あとは高橋英樹くらいしかいないじゃない」と、いつも言っていた。早川健は、風見志郎（『仮面ライダーV3』）、新命《しんめい》明《あきら》（『秘密戦隊ゴレンジャー』）と並んで、宮内の代表作となる。

妙にリアリティーのある悪を叩きのめす早川に、カタルシスを感じた視聴者も多かったことだろう。この前年には、「ロッキード事件」が発覚し、田中角栄前首相（当時）らが逮捕されていた。そんな世相もズバットを誕生させた背景にあったのかもしれない。

守りに入る制作体制、姿を消すカルトヒーロー

自由な発想で視聴者を楽しませ、時にあきれさせたカルトヒーローたちは、第二次オイルショックと、それに続くヒーロー「冬の時代」を経て、テレビのゴールデンタイム

から姿を消してしまう。八〇年代には、カタルシスウェーブで悪人を改心させるのが必殺技の『星雲仮面マシンマン』(八四年)があったくらいか。

九〇年代以降、カルトヒーローは、誕生したとしても深夜の枠に押し込められ、かつてのようなお茶の間のヒーローとは異質の存在となっている。叫び声で敵を倒す『ボイスラッガー』(九九年)しかり、吉井怜《よしいれい》が変身するヒロインを演じた『仮面天使ロゼッタ』(九八年)しかり。皆、深夜の放送だった。

ゴールデンタイムには、毒っ気のない、誰もが好みそうなものを。問題作を作って批判されるよりは前例にならった作品を。その傾向は、その後、バブル崩壊、リーマンショックを経てさらに強まってきているようにみえる。

特撮バブル期、見たことのないような「絵」を作ろうと、試行錯誤した作り手たち。カルトなヒーローたちは、その苦心の結果生まれた鬼っ子のような存在だった。特撮ヒーローという分野は、若い映像作家たちにとっての壮大な実験場であったのかもしれない。

そうやって生み出されたヒーローの多くの衣装はタイツ感丸出しだったり、設定がいびつだったりしていた。それでも、作り手の熱ははっきりとブラウン管の向こうからこちら側に伝わってきた。そして、その熱こそが、カルトヒーローが「忘れられない」理由なのだと思う。

ＣＧでどんな映像でも作れるようになった現代だが、ＣＧを超えた人間の想像力が作り出す奇想天外なカルトヒーローを、また見てみたい。そんな存在に心揺さぶられ、頭をかき回してもらいたいと思うのは、贅沢《ぜいたく》な望みだろうか。少なくとも、そのくらいの「毒」がないテレビというメディアは面白くない、と思うのだが。

第六章

アブない魅力の「悪のヒーロー」

「悪のヒーロー」の誕生

一九七二年、特撮ヒーローの世界に異変が起きる。それまで、「カッコいい正義の味方」VS.「カッコ悪い悪」という図式だったヒーロー界に、時に、ヒーロー以上にカッコよく見えてしまう「悪のヒーロー」が登場したのである。ヒーローと互角に渡り合える強さをもった悪の戦士の誕生である。

もちろん、強い悪キャラというだけなら、仮面ライダーと戦ったショッカーのゾル大佐だって、死神博士だって、あるいはスペクトルマンと戦った宇宙猿人ゴリだって、皆、圧倒的な強さと頭の良さをもっていた。ただ、こう言ってしまうと身も蓋もないのだが、残念ながら、彼らは全くもって「二枚目」キャラではなかった。

それまでの悪になくて、「悪のヒーロー」にあったもの。それは、二枚目という要素である。人間体もハンサムなら、異形の体もヒーローのそれに近いスタイリッシュなものだった。

彗星《すいせい》のごとく闇を切り裂いて現れた「悪のヒーロー」の名前は、ハカイダー、そしてタイガージョーである。

340《みしお》のみどころ 12・0 今となっては時効？　――薬屋とブランド

権利関係が今ほどうるさくなかった一九七〇年代とはいえ、「さすがにこれは……」と苦笑させられる作品がある。『快傑ライオン丸』第三五話「血に笑う怪人アリサゼン」には、インチキ薬を強引に売り歩いている薬売り、丸目三角之介が登場する。彼が掲げる、のぼりのマークが苦笑ポイント。丸の中に三角があるマークは、武田薬品工業のマークに酷似、というかほぼ同じ。さすがに、クレームがきたそうだ（『快傑／風雲ライオン丸』ソニー・マガジンズ　二〇〇〇年）。

第四四話「くノ一の涙　怪人メガンダ」では女忍者の額のマークが、シャネルのマークにそっくり。もっとも、さすが七〇年代。シャネルは、極東の島国の特撮番組まではチェックしていなかったようで、こちらは問題にはならなかった。

たった六話で主役を食ったハカイダー

ハカイダーは『人造人間キカイダー』に第三七話から登場した「悪のヒーロー」だ。全身黒のボディーに血走ったような赤い目で、スケルトンの頭部には脳が透けている。武器はハカイダーショットという銃だ。

悪の組織ダークの首領、プロフェッサー・ギル（安藤三男・演）がキカイダーを破壊するために、キカイダーの生みの親、光明寺博士を操って作らせた「最強の改造人間」であり、良心回路を搭載されているキカイダーに対し、悪魔回路を内蔵している。頭部の脳は光明寺博士の脳だ。この脳のために一定時間ごとに血液交換をしないといけないのが最大の弱点であり、同時にキカイダーの攻撃を防ぐ「盾」となるという最大の強みでもある。

人間体のサブロー（真山譲次《まやまじょうじ》・演）はニヒルな二枚目で、こちらも全身黒のライダースーツに黄色いマフラーという出で立ち。ハカイダー体での初登場が水木一郎の歌う「ハカイダーの歌」をバックに棺《ひつぎ》から起き上がってくるというものなら、サブローもナイフ片手にビルの壁を垂直に歩いて降りてくるという印象的なものであった。

まだ『戦隊シリーズ』に「ブラック」が登場するはるか前のこと、黒は戦闘員に代表されるように「ワルモノ」の色だったのである。そこに黒いのに強そうで、スマートでカッコいい「悪のヒーロー」が登場したときの衝撃度の高さは、今とは桁違いであった。それまでの三頭身、四頭身くらいしかない怪人たちとは、立ち姿からして違ったわけだから。

ハカイダーの目的は、地球征服でも地球人の殲滅《せんめつ》でもなく、キカイダーを抹殺すること。ただ、それだけである。それ以外のことには興味も関心もないので、ギルの言うことすら聞かない。悪の側とも群れることのない、徹底した一匹狼《いっぴきおおかみ》なのである。愛用するオートバイの名前からして「白いカラス」である。白いカラスとは、黒いカラスの中で異端の存在を示す言葉であり、このネーミング一つとってもハカイダーがアウトローであることがよくわかる。

ハカイダーはキカイダーに執拗《しつよう》に戦いを挑む。第四一話「壮絶 ジロー空中分解！」では、アカ地雷ガマ（四頭身くらい）にキカイダーを倒され、怒って仲間であるはずのアカ地雷ガマを殺してしまう。さらに、キカイダーを殺すという目的を失って苦悩し、「俺は何のために生まれてきた?」「俺を作り出したプロフェッサー・ギルが憎い」と、いささか中二病めいたキレ方をしてギルに挑んでいく。最終的にはギルの命を受けた白骨ムササビに倒され、ジローの腕の中、「どうせやられるなら、俺はお前に、お前にやられたかったぜ、キカイダー」と言い残して息を引き取る（第四二話「変身不能!?ハカイダー大反逆！」）。「腐女子」の悲鳴が聞こえるような最期を迎えるのである。

これだけの圧倒的な存在感を見せつけながら、実は、ハカイダーの番組登場回数は、第三七話から四二話までと、わずか六話にすぎない。しかし、登場に先立ち、第三四話のラストでは、「ハカイダーの歌」にのってハカイダーの「活躍」を見せるPVとしか言いようのない映像が流されるなど、悪役としては、異例の待遇だった。後の話になるが、八七年に発売された『ビジュアル全集　人造人間キカイダー』（テレビマガジン編講談社）に至っては、『キカイダー』の全集なのに、表紙のメインを張っているのはハカイダーで、キカイダーは集合写真撮影日に欠席した小学生みたいな扱いにされていて、驚かされる。いかにハカイダー人気が高いかということで、この人気の上をいく「悪のヒーロー」は、二一世紀の今に至るも現れていない。わずか六話で、ヒーローの歴史に消えない足跡を残したのがハカイダーなのだ。なお、ハカイダーは続編の『キカイダー01《ゼロワン》』で「ハカイダー四人衆」としてよみがえるが、これは別物として考えるべきだろう。

もう一人の「悪のヒーロー」、推参

ハカイダーとともに「悪のヒーロー」の双璧をなすのが、同じく七二年の『快傑ライオン丸』に登場したタイガージョーこと、悪の剣士、虎錠之介《とらじょうのすけ》だ。

錠之介は、領主の跡取り息子として何不自由ない暮らしをしていたが、剣での「強さ」を追求するあまり、「所詮、邪剣にすぎぬ」と指摘した父親を手にかけてしまい、出奔。そのまま悪の大魔王ゴースンの配下となった（第二八話「悪の剣士タイガージョー」）。ゴースンから授かった太刀で、タイガージョーに変身する。

ライオン丸に変身する獅子丸《ししまる》（潮哲也《うしおてつや》・演）との出会いは、ゴースンのいるゴースン島近くの浜辺だった（第二七話「大魔王ゴースン怒る！」）。獅子丸の「自分だけが正しいと信じている、その面《つら》が気に食わない」と勝負を挑む。この際、言い放ったのが「正しい者が勝つんじゃない、強い者が勝つんだ」という特撮ヒーロー史に残る名台詞である。この戦いで、タイガージョーはライオン丸に右目を突かれて敗退。以後、眼帯姿の隻眼の剣士となる。

錠之介の興味は「自分より強いやつと勝負すること」であり、「獅子丸は俺が倒す」と、この人も執拗に獅子丸に勝負を挑む。ハカイダーと同じで、対決の邪魔をするならゴースン一味でも許さない。そんな言動のため、終盤、裏切り者としてゴースンから追われる身となってしまう。そして、結局、数回の対決を経て心が通い合った獅子丸とともに戦うようになる。最期はゴースン配下のガンドドロに額に弾丸を撃ち込まれ、駆け付けた獅子丸の腕の中で息絶える。

ゴースン一味であった時から、老人や女子供を手にかけるような卑怯《ひきょう》な作戦を嫌い、女性を助けることも多かった。それゆえ、ほのかな思いを寄せられるエピソードも多いのだが、口癖は「俺は女の涙は死ぬほど嫌いだ」で、色恋とは無縁。それでいて、錠之介の暗殺に失敗して自暴自棄になり「殺せ！」と叫び自害しようとする女忍者に「自分で自分の命を捨てるやつがいるか。（中略）それは逃げるよりもっと卑怯なふるまいだぞ」と諭《さと》して命を救う熱さもあった。そして、彼女が失敗者として処刑された後、夕焼けに向かって「バカヤロー」と叫ぶ。うちに秘めた熱さが魅力のクールガイでもあった

（第四四話「くノ一の涙　怪人メガンダ」）。

タイガージョーが伝説の「悪のヒーロー」となったことには、おそらくは「不幸な事故」も関係しているだろう。錠之介を演じた戸野広浩司《とのひろこうじ》は第四〇、四一話の滋賀県・彦根でのロケ中に、宿泊したホテルの浴場で事故死したのだ。まだ二五歳という若さであった。第四二話以降の錠之介は、同じ劇団青俳の福島資剛《ふくしまもとたけ》が務めている。当時、週刊誌などを中心に大きく報じられたようだ。

340《みしお》のみどころ **13・0** **三枚目でも最期に輝く――心は二枚目、モグラ獣人**

仮面ライダーアマゾンの相棒、モグラ獣人は、敵組織ゲドンの怪人だったが、作戦に失敗して処刑されかけたところをアマゾンに救われ、行動を共にするようになる。第二〇話「モグラ獣人　最後の活躍!!」で人食いカビの解毒剤を作るため、カビを手に入れようとキノコ獣人に近づくが失敗。カビを浴びてしまう。そのカビを使って解毒剤が作られたが、モグラ獣人には致命的だった。

ドンくさい印象のモグラ獣人は、マサヒコ少年（松田洋治・演）らに賞讃《しょうさん》され、「初めて褒めてくれたね」と苦しい息の下で喜びながら、落命する。怒りに燃えてキノコ獣人と戦うアマゾンに、思わずこちらも拳を握りしめる。墓標には「勇気の士《ひと》」とある。見た目は三枚目だが、心は二枚目のヒーローだった。

媚びず、へつらわず、ブレない生き方にあこがれる

時代も設定も違い、人間と改造人間の違いまであるこの二人の「悪のヒーロー」だが、キャラクター設定や選択する人生は、とても似ている。両者ともにルックスがいいことはもちろんだが、それに加えて、強さ、クールさ、そしてなんといっても筋の通った生き方という点で共通している。

二人とも、悪の一味でありながら、悪の組織の、弱者を殺《あや》めたり、人質にとったりする卑怯な作戦を嫌う。字面的《じづらてき》に、「悪」にはいささかふさわしくない表現になってしまうが、「正々堂々と」戦いたいと考えており、自分の美学に反する作戦に対しては、毅然として異を唱えるのだ。ダークもゴースン大魔王一味も恐ろしいワンマンのトップがいるピラミッド型の組織なのに、決して組織の論理に巻き込まれたりしない。自分の生き方を貫き通す気持ちの強さと、それを可能にする「腕」とがある。組織の中の人間が一匹狼として生きるというのは、自ら茨《いばら》の道を選択するようなもの。その強さ、ブレのなさには、一会社員として、ほれぼれとしてしまう。

別の角度から見るなら、ヒーローよりも自立しているのが彼ら「悪のヒーロー」とさえ言えるのではないか。ヒーローたちが、自分の意志とは関係なく戦いに巻き込まれて

いった「運命翻弄系」なら、「悪のヒーロー」たちは、自分の意志で戦いを選択している。もちろん、ハカイダーの場合、キカイダー抹殺の目的で作られたから、好むと好まざるとにかかわらず、という一面はあるけれど、それでもハカイダー本人は、きっと自分の人生の目的は自分で選んでいる、と思っているはずだ。

そして、二人とも最期は、善なるヒーローと思いを通わせているということも大事なポイントだ。悪の論理だけを全うしたのでは、「悪のヒーロー」ではなく、単なる美形の悪の幹部になってしまう。

確固たる意志をもって前進していく「悪のヒーロー」たちの自信に満ちた生き方が、戦いを忌避しながらも戦わねばならないという使命感に引きずられていくヒーローより、時に力強く、魅力的に見えてしまうのは仕方がないことかもしれない。

さらに、二人の変身後が「カッコ良すぎない」ことも、実は人気の秘密だろうと思っている。ハカイダーは全身黒のスタイリッシュな姿ではあるが、黄色い稲妻と一直線に長い口のラインの刻まれた顔は、じっと見ているとどこか愛嬌すら感じられる。九五年に雨宮慶太《あめみやけいた》が新生ハカイダーとして映画化したときの顔はまさに「ダークヒーロー」と呼ぶにふさわしいものであったが、オリジナルはむしろ愛らしささえある顔立ちである。

タイガージョーに至っては、ネコ科のぬいぐるみが二足歩行をしているような感じだ。もちろんライオン丸のライオンもネコ科ではあるのだが、体を覆う衣類が少ない分、タイガージョーの方がぬいぐるみ感が強い。

私見にすぎないが、こうした両者のカッコいいだけではない「スキ」のような部分が、クールなキャラを中和して、さらなる人気を呼び込んだ理由ではないかと分析している。

品行方正だけが子供たちの手本ではない

悪であって悪でない、ちょっと斜に構えてはいるけれど筋も通っていて憎み切れない、「悪のヒーロー」は、それまでの特撮ヒーロー界にはなかった存在だ。ヒーローと言えば、「強く正しくたくましく」というのがお約束であり、変身する青年は好青年であるべし、という不文律があった。

『月光仮面』の祝十郎は主題歌で「よい人よ」と歌われているくらいだし、戦災孤児を引き取って育てている篤志家だ。『ウルトラマン』のハヤタや『ウルトラセブン』のモロボシ・ダン、『帰ってきたウルトラマン』の郷秀樹も、悩むことはあっても乱暴な言葉を吐いたり、アウトロー的な言動を取ったりはしない。普段はウルトラ警備隊などの組織に属し、チームワークも重んじて行動している。郷が次郎少年に託した「ウルトラ五つの誓い」だって、「朝食の勧め」とか「裸足《はだし》で遊べ」とか、極めて健康的な内容で、そこに不健全な匂いは微塵《みじん》も感じられない。

東映生田スタジオ所長の内田有作をして「匂いとしてのいかがわしさは間違いなくあ

ったろうね」と言わしめた『仮面ライダー』にしても（『新 仮面ライダーSPIRITS《スピリッツ》』2巻 石ノ森章太郎・原作、村枝賢一・漫画 講談社 二〇一〇年 巻末鼎談《ていだん》）、ヒーローが模範的な好青年であることは変わらない。本郷猛は胸元あけすぎのシャツという、ちょっと不良っぽいファッションで女怪人バラランガと戦いはするが、もともとは母親が教師という堅い家庭に育った男。知能指数六〇〇、スポーツ万能の科学者という超優等生的存在でもある。一文字隼人も「カメラマン」という一見軟派な自由業についているが、「お願い、私をモデルに使って」とせがむライダーガールに、「おあいにくでした。女はダメ」とわざわざ作品中で断って真面目さを強調しているのだ（第一四話「魔人サボテグロンの襲来」）。

ヒーローたちは、品行方正でストイックであり、子供たちのお手本にふさわしい、と大人も認めるような存在だったのである。

しかし、子供にとって、大人が「よし」と認めて与えてくれた瞬間にきらめきが消えてしまう宝物がどれほど多いことか。もちろん、『ウルトラマン』も『仮面ライダー』も、「文部省（現・文部科学省）推薦」ほどの堅苦しさはなかったから、魅力が薄れるというわけではないのだけれど、やはり一方に教科書があれば、もう一方に駄菓子屋的な何かが欲しくなるのが、私たちのメンタリティーなのである。

340のみどころ《みしお》 14・0 好きな怪人は？——クラゲロンに詩を捧《ささ》げた日

好きな怪人を聞かれるといつも困る。ライダー好き少女として、敵に肩入れするのは罪だと思っていたから。でも、『スカイライダー』第二〇、二一話に登場するクラゲロンは、数少ない好きな怪人だ。強くもなく、見た目もクラゲなのだが。

香港《ホンコン》から呼び寄せられたクラゲロンは頭脳作戦を得意としており、同時に登場した肉体派のサイダンプをバカにしている。魔神提督の前ではいつも喧嘩ばかりだ。

犬猿の仲だったが、サイダンプはスカイライダーにやられて絶命。うめきながら仇討ちを頼むサイダンプに、クラゲロンが彼の名を絶叫する。その声の切なさに、少女時代の筆者はやられた。号泣し、捧げる詩まで書いた。あの絶叫は必聴だ。ファンの間でも知名度の低い怪人だが、筆者は「クラゲロン推し」である。

アニメの世界にも「悪のヒーロー」

西洋には「ピカレスクロマン」があり、日本には歌舞伎の「色悪《いろあく》」の伝統がある。『南総里見八犬伝』には、品行方正な八犬士やわかりやすい仇役のほかに、網干左母二郎《あぼしさもじろう》という色男の悪役が出てきて、人気がある。

そうした下地があるところに、七二年には、アニメの世界で、悪魔の力と人間の心を持つ不動明《ふどうあきら》を主人公とする『デビルマン』が始まっていた。

特撮ヒーロー番組への「悪のヒーロー」登場は、時代の必然だったと言っても言いすぎではないだろう。アニメの世界まで広げてみれば、この後、七九年に『機動戦士ガンダム』から、「悪のヒーロー」界の美形スーパースター、シャア・アズナブル大佐が台頭してくる。

黄金のパターンは受け継がれる

八〇年代には「悪のヒーロー」の流れが枝分かれし、組織に属さない、あるいは組織の中でも孤高の存在である多くの美形の悪が誕生した。全身銀色で、どこかハカイダーっぽいシルエットのバイオハンター・シルバ（『超電子バイオマン』）、自分を宇宙で一番美しいものと信じ込んでいたレー・ワンダ（『超新星フラッシュマン』）、レッドの思い人、イアル姫に横恋慕した盗賊騎士キロス（『光戦隊マスクマン』）、元はレッドの友人だったドクター・ケンプ（『超獣戦隊ライブマン』）、甲斐《かい》バンドの「HERO」を歌いながら現れたシュバリエ（『地球戦隊ファイブマン』）、敵組織の内部抗争で心を病み、精神科病棟に収容されてしまう衝撃の末路だったトランザ（『鳥人戦隊ジェットマン』）、遠藤憲一がおネエ言葉で演じたガシャドクロの人間体、貴公子ジュニア（『忍者戦隊カクレンジャー』）などなど、多士済々である。

特に、このうち、レー・ワンダ、ドクター・ケンプ、トランザは、すべて広瀬裕《ひろせゆたか》が演じており、この時代の悪は、さながら「広瀬祭り」といった様相を帯びている。第九章で触れるメタルヒーローの方にも、『巨獣特捜ジャスピオン』では、黒一色のボディーで、人間体は春田純一が演じたマッドギャランという悪のスーパースターが登場している。

話を「悪」から「正統派」の「悪のヒーロー」に戻そう。ハカイダー、タイガージョーから始まった「悪のヒーロー」の流れは、八七年、『仮面ライダーBLACK《ブラック》』の銀色の戦士、シャドームーンと、『超人機メタルダー』の孤高のガンマン、トップガンダーという二大スターを生み出すに至る。

シャドームーンは、BLACKに変身する南光太郎《みなみこうたろう》（倉田てつを・演）の親友、秋月信彦《あきづき》（堀内孝人・演）が敵組織ゴルゴムに改造された姿だ。次期創世王候補としてBLACKとともに、ゴルゴムによって体内にキングストーンを埋め込まれたうえ、脳改造も施されており、信彦時代の人格はほとんどない。打倒BLACKとゴルゴム帝国設立を目的に、BLACKに戦いを挑む。脳改造されているため、悪のヒーローというより、悪の幹部といった趣で、彼をハカイダーやタイガージョーと同じ位置付けで見ることに、筆者は若干の抵抗があるのだが、最終決戦の前となる第四七話での戦いで、BLACKを倒しながらも、一瞬、姿が信彦に戻ってしまい、意識が混乱してBLACKにとどめを刺せなかったことがあるから、やはり完全な悪役ではなく、「悪のヒーロー」と呼ぶべきなのだろう。

銀色でスタイリッシュなデザインと、その圧倒的な強さは、ヒーローとして、というより、悪のロボットに近い魅力があって、特に男性諸氏に人気が高い。

一方のトップガンダーは、ハカイダーを思わせる漆黒のボディーに、タイガージョーを彷彿とさせる隻眼のロボットである。武器もハカイダー風にライフルで、劇中でも軍団長が「帝王が『ゴルゴ13』に似たヒットマンをインプットして作った」と語っている（第五話「耐える！百発百中のガンプレイ」）。「正義（勝つこと）を守るためには、フェアプレイでなければならない」というのが持論で、常に一対一でのフェアな勝負を求める。もとは敵組織、ネロス帝国の幹部だったが、終盤には帝国と決別し、メタルダーと共闘。しかし、メイン回路を破壊され、メタルダーの腕の中、その手を握って最期の時を迎えた。

卑怯を嫌い、組織に与《くみ》せず、わが道を行く。そして、最後は地球のために戦い、ヒーローの腕の中で死んでいく。悪のヒーローの黄金パターンは、昭和末期になっても変わっていない。きっと、その黄金律こそが、ヒーローだけでは飽き足りない私たちの欲望を満たしてくれる魅力なのだろう。

時代の何が「悪のヒーロー」を求めるのか

七二年のハカイダーとタイガージョーが、第一次オイルショックで頭打ちになる直前の高度成長の中で生まれたのに対し、八七年の悪のスターは昭和が終わりに近づく中、バブル景気が始まりつつある喧騒の中で誕生していることは興味深い。もしかしたら、時代の喧騒が、悪のヒーローを呼ぶ風を吹かせるということなのかもしれない。

その後、悪のヒーローのバトンは、『重甲ビーファイター』（九五年）のブラックビートや『未来戦隊タイムレンジャー』（二〇〇〇年）のタイムファイヤー、『爆竜戦隊アバレンジャー』（〇三年）のアバレキラー、そして『獣拳戦隊ゲキレンジャー』（〇七年）の黒獅子リオなどに受け継がれていく。特に、二〇〇〇年代に入ってから出現の頻度が高まっているようにも思えるが、果たして今という時代の何が「悪のヒーロー」を呼んでいるのだろうか。答えはまだ見えない。

第七章

ヒロイン、前線に立つ

紅一点からの出発

「女性の活躍」や「女性が輝く日本」という言葉が、しきりに叫ばれている。叫ばれているということは、女性が活躍する社会が実現するには至っていないからに他ならない。男女雇用機会均等法の成立から三〇年。まだまだ日本は男社会であり、女性の地位は「そこそこ」で止まっているようだ。戦う男ばかりが主役の特撮ヒーローの世界は、男社会の最たるもの。では、そこに女たちはどう切り込んでいったのだろうか。

特撮ヒロインの歴史は、そのまま日本における女性の社会進出の歴史と重なる。最初は、「紅一点」からのスタートであった。

一九七五年四月、特撮ヒーロー界に、女性を初めて本格的な戦士として描いた『秘密戦隊ゴレンジャー』が登場する。それまでの『仮面ライダー』における「ライダーガール」のような「人質要員」とは違い、小牧りさ（現・小牧リサ）演じるペギー松山は、ゴレンジャーの他の四人と同じようにモモレンジャーに変身し、黒十字軍と戦う戦士である。文字通り、男の戦士と肩を並べて戦うヒロインが誕生したのである。それまでにも『トリプルファイター』（七二年）のオレンジファイター、早瀬ユリ（笛真弓〈現・

新山真弓〉・演）や、『好き！すき!!魔女先生』（七一年）のアンドロ仮面、月ひかる（菊容子《きくようこ》・演）のような戦うヒロインがいなかったわけではない。日本を代表するアクション女優の志穂美悦子のデビュー作『キカイダー01』（七三年）のビジンダー、マリも、登場からしばらくして正義のヒロインとなった。胸に小型水爆が内蔵され、胸の第三ボタンをはずすことで起爆装置が作動するという設定に、ハラハラ、ムラムラした人も多いだろう。

だが、本格的な戦士として継続的に戦うヒロインを描くようになったのは、『ゴレンジャー』から。その意味でも『戦隊シリーズ』の開始は特撮史の中で重要な意味を持つ。奇《く》しくもこの七五年は、「国際婦人年」にあたる。

この年の二月には、英国で保守党が初の女性党首として「鉄の女」マーガレット・サッチャーを選出する。五月には田部井淳子《たべいじゅんこ》ら日本女性のパーティーが、世界の女性に先駆けてエベレスト登頂に成功した。ハウス食品のインスタントラーメンのＣＭのコピー「私作る人、僕食べる人」が女性差別であると攻撃され、中止に追い込まれたのもこの年だ。テレビでは、ピンクのヘルメットをかぶった「中ピ連（中絶禁止法に反対しピル解禁を要求する女性解放連合）」の女性たちが、「男女平等」を声高に叫んでいた。未婚の「ミス」と既婚の「ミセス」にかわって、未婚、既婚を問わない「ミズ」という敬称が使われるようになったのは、この年の「国際婦人年第一回世界女性会議」から。女性の時代の幕開けを感じさせる年であった。

だが、女性の時代の幕開けだから、モモレンジャーを作った、というほど都合のいい話ではない。平山亭は「女性ヒーロー」を作ろうと思った理由に、ヒーローごっこをあげている。「ヒーローごっこをする子供たちの中で、女の子がショッカーの女怪人（蜂女やドクダリアン）か、ショッカーにさらわれる人質しかできないのはかわいそう」と思ったことが、女性ヒーローの誕生へとつながったという。平山の狙いはあたり、放送がスタートした後、団地の中で男子と女子が一緒に三輪車に乗って「五人そろってゴレンジャー！」と叫びながらやってくる姿を見て、心底うれしかったと語っている。

平山に筆者が聞いた話では、国際婦人年どころか、続く第八章でも触れるように、モモレンジャーの「モモ」は「太もも」からの発想という、フェミニストが聞いたら卒倒しそうな連想ゲームから命名されたそうだ。ただ、日々の新聞をにぎわせていた女性の社会進出というものを無意識のうちに感じていたからこその、女戦士の誕生だったことは確かだろう。

ちなみに、同じく第八章で、アカレンジャー、海城剛《かいじょうつよし》の年齢が二四歳という話を書くが、ペギー松山の設定年齢は一八歳なのだとこのたび初めて知った。決して老けているというわけではないが、今どきの一八歳と比べると、ずっと大人びていて、驚かされる。

340《みしお》のみどころ 15・0 特撮流ファッション――ヒロインの白ブーツ

白いブーツが好きだ。一九七〇〜八〇年代ヒロインの多くが履いていたから。モモレンジャー、ペギー松山（小牧りさ〈当時〉・演）もゴーグルピンク、桃園ミキ（大川めぐみ・演）もビジンダー、マリ（志穂美悦子・演）も白ブーツだった。

ミニ丈のボトムスに対してバランスがよかったのか、あるいは誰かの趣味なのか。ヒロインの多くは、女の目からみると、やや流行遅れの服に、白ブーツというのがお約束だった。中でも、女宇宙刑事アニー（森永奈緒美《もりながなおみ》・演）の白いウエスタンブーツはカッコよく、筆者は米国で同じようなものを購入したほど。

最近のヒロインは、「普通に」お洒落《しやれ》になった。でも、あの当時の、ちょっとダサめの制服みたいなホットパンツと白ブーツが、少しばかり懐かしい。

女一人、さっそうと

モモレンジャーの登場は、画期的ではあった。なにしろあんなカッコいい男四人（一人は太めの三枚目なので三人か？）と、対等に渡り合っているのだ。それまでのヒロインのように、一歩引いているところがない。変身すると、ちゃんと強い。半人前ではないのだ。それでいて、見た目はピンクだし、ハート型のイアリングや鏡が武器と、女らしいところも押さえている。

男と互角のヒーローであることは、モモレンジャーが「トイヤッ」と、アカレンジャーやアオレンジャーと同じように掛け声をかけて戦うところによく表れていたと思う。今とは異なり、まだ多少なりとも、男の言葉遣いと女性らしい言葉遣いの間には差があった時代である。あの頃、普通の女の子は、少なくとも筆者の周囲では、「トオ」とか「トイヤッ」などという気合の掛け声は恥ずかしくて口にできなかった。それは『仮面ライダー』に代表される「男子」の掛け声だと思っていたから。

アニメの中の魔法少女は、鼻にかかった高い声で魔法の呪文を口ずさんでいたし、人質になりかけたライダーガールが戦闘員を振り切る時も、「えーい！」とかわいく叫ぶくらいが関の山だった。それなのに、モモレンジャーときたら、迷いもなく「トイヤッ」と叫びながら、ホットパンツからすらりとのびた足で敵を蹴り上げるではないか。ひらひらふりふりのワンピースで、抱きしめたら折れそうな可憐《かれん》さを前面に打ち出していたのが当時のアイドルたち。それとは全く違う、骨太なヒロインの登場は、衝撃的ですらあった。

モモレンジャーはおしゃれの手も抜かない。たとえば、ヒーロー作品に「七変化もの」が登場するのも、彼女からだ。第五七話「黒い包囲網！五つの顔のペギー」で、ペギーは黒十字軍が支配する町に乗り込み、敵の目を欺くために次々と変装してみせる。ウエディングドレスからべらんめえ調のまとい持ち、テニス選手、金髪ロングヘアの外国人へと、コスプレ姿を披露していく。まさに、女の子が大好きな着せ替え人形の女戦士版であり、見ていて無条件に楽しい。

この七変化ものは、『戦隊シリーズ』の定番となり、『電子戦隊デンジマン』（八〇年）の第四三話「謎なぞ七色レディ」や『大戦隊ゴーグルV《ファイブ》』（八二年）の第二二話「呪い人形の攻撃！」、『電撃戦隊チェンジマン』（八五年）第四四話「麻衣におまかせ！」などの名作を生み出していく。

紅一点の恋愛事情

強くておしゃれなペギーは、激務の合間を縫ってちゃっかり恋もしていた。それまでのヒーロー番組でも『人造人間キカイダー』のミツ子とジローのように、互いに恋愛感情があるのではないかと疑わせる描写はあったし、『仮面ライダーV3』の珠純子《たまじゅんこ》は確実に風見志郎に恋心を抱いていたと思う。『ウルトラセブン』の最終回ではアンヌ隊員のモロボシ・ダンへの恋心がダダ漏れだ。でも、これらのどの「恋」でも、優先されていたのは主役であるヒーローの論理で、「自分には大事な使命がある」ために、成就しないというのがお約束だった。

これに対して、モモレンジャーはもう少し、恋愛体質である。第八三話「オレンジ色の初恋!! 吼《ほ》える大都会」で、ペギーは、死んだと思っていた北海道支部時代のあこがれの上官（実は今は黒十字軍の一味）と再会する。「二人きりのときはそう呼ぶ（苗字《みょうじ》ではなく名前で）約束だったろ?」と上官氏が言うあたり、この二人は「あこがれ」どころの関係ではなさそうであるが……。最終的には、あこがれの上官氏は本性を現し、「君に僕が撃てるかな」と、夜九時台のドラマの悪人のようなことをぬかしたうえにダイガー仮面になるが、この男を成敗し、夕陽の中、モモレンジャーが「すべて終わったのよ」とつぶやいて終わる。

だが、悲恋だったにしろ、『キカイダー01』のイチロー役、池田駿介《いけだしゅんすけ》演じるところのイケメンとの恋愛まで、訓練と並行して楽しんでいたのがペギーであった。

340《みしお》のみどころ 16・0 切なすぎる神回――タックルとストロンガー

岬ユリ子（岡田京子・演）が変身する電波人間タックルは、『ライダー』史上初の女戦士。女性や恋愛の描写が不得手な『ライダー』で、『仮面ライダーストロンガー』第三〇話「さようならタックル！最後の活躍!!」は際立っている。

ドクターケイトの猛毒を浴びたユリ子は死を覚悟し、恋愛感情を抱いていたストロンガー、城茂（荒木茂〈当時〉・演）に、戦いが終わったら「二人でどこか遠い、美しい所へ行きたいわ」と語りかける。了解する茂。ユリ子のはかない笑顔がたまらない。その直後、ユリ子はドクターケイトを倒して落命する。ユリ子の思いに気づいた茂は夕陽の中、ユリ子を抱き上げ、戦いの決意を新たにする。

荒木も岡田もすでに他界。それでも映像の中の二人は青春の光を放ち続ける。

戦うヒロインが定着していく

モモレンジャー以降、ヒーロー界には「紅一点」が定着していく。『秘密戦隊ゴレンジャー』と同じ七五年四月五日に放送が始まった『仮面ライダーストロンガー』にも初の女性ライダー、タックルが登場し、ストロンガーと共闘。女性「ヒーロー」路線は、後続の戦隊にはもちろん、『忍者キャプター』や『ザ・カゲスター』（ともに七六年）などにも受け継がれていく。

『ウルトラ』の世界に目をやれば、こちらでは六六年から「紅一点」が登場していた。怪獣退治という荒業を主たる業務としながら、『ウルトラマン』の科学特捜隊にはフジアキコ隊員（桜井浩子・演）がいたし、『ウルトラセブン』のウルトラ警備隊には友里《ゆり》アンヌ隊員（菱見百合子〈現・ひし美ゆり子〉・演）が在籍。二人も通信など、男性の補佐的な業務が多かったが、それでもまだ「総合職」という概念もない時代に、女性を正規雇用で採用している先進的な組織が、子供向けテレビ番組の中にあったことは、驚きに値する。

「紅一点主義」は男目線

しかし、この「紅一点」モデルの定着は罪でもあった。

男並みに働くことができるうえに女らしさも兼ね備えているスーパーウーマンしか、男性と平等に働くことはできない、という誤った固定観念を、筆者を含め多くの女子の胸に刻んでしまったからだ。

ペギー松山のような人は、きわめて例外的な存在だ。二四時間を仕事にささげ、そこに疑問を持たない。体力、能力的にもそれが可能だし、それが可能な家庭環境である。当然、子供もいなければ、要介護の親もいない。つまり、見た目は女ながら、「最も男らしい女性」なのだ（『女性を活用する国、しない国』竹信三恵子《たけのぶみえこ》著　岩波ブックレット　二〇一〇年）。

逆に言えば、女性の指定席が一席しかない場合、そうした「名誉男性」的な女性しか、そこに座ることは許されないものだ。なぜなら、その世界は、紅一点以外の大多数である男性の論理で動いているのだから。

女性が輝ける社会を目指すなら、本来、「女性が男並みに働く」ことを目指すのではなく、「仕事中心の男性の働き方」に対して、仕事以外にも人生にはやるべきことがあることを、多様な生き方があることを提示すべきだと思う。今の言葉で言うなら、「ワーク・ライフ・バランス」というやつだ。

そもそも、ペギーもアキコもアンヌも、あの働き方では、結婚して子供ができたら退職するしかなくなってしまう。あるいは、老いた親が要介護状態になったら、介護保険以前の世界では、お手上げ状態となろう。今見ると、つくづく「専業主婦の妻つきの労働者」が当たり前だった高度経済成長期モデルの働き方に裏打ちされたのが、紅一点というポジションなのだと思う。

いや、『秘密戦隊ゴレンジャー』も『ウルトラマン』も、「地球侵略」という「非常時の世界」の任務を描いているのだから、そこにワーク・ライフ・バランスの思想を持ち込んで嚙《か》み付くのは野暮というものだろう。ワーク・ライフ・バランスもへったくれもないから「非常時」なのであって、そうしたものを取り戻すためにも、戦わねばならないのが、特撮ヒーローの世界なのだから。

だが、それでも「モモレンジャーシンドローム」とでも言うべき、紅一点主義が、当時の女子の深層心理に無意識のうちに及ぼした影響は大きいと思う。七五年当時は、小学生でもヒーロー番組を見ているのが普通だったから、モモレンジャーを見て育った女性は、ちょうど男女雇用機会均等法第一世代にあたる。内閣府の調査によれば、この世代の女性に「仕事を続ける上で最も大変だったこと」を尋ねた場合、「ロールモデルの不在」をあげる女性が多かったそうだ（二〇〇四年一月実施　男女共同参画局による「男女共同参画社会の将来像に関する有識者アンケート調査」）。職場にも女性管理職はいなかっただろうが、心の中にも紅一点主義が影を落としていたのではないかと推察する。

国際婦人年とはいえ、映像作りの現場で決定権を持つプロデューサーや監督などの立場に、女性はほとんどいなかった。作り手に悪気はなかったし、むしろ「女の子のために」とモモレンジャーを考案してくれたのは確かだろう。だが、男性たちが知らず知らずのうちに男性目線で「理想の働く女性像」を作品に反映させた結果、「紅一点主義」が生まれてしまった。

組織に女性が占める割合を先取り

紅一点の世界に変化が生じるのは、八四年の『戦隊シリーズ』第八作『超電子バイオマン』の時だ。ヒロインはこの年、二人に増える。少数派というのは、三割を超えると、組織を変える力になっていくのだそうだ（前出『女性を活用する国、しない国』）。五人のうち二人を女性が占めるようになったことで、戦隊の世界は一歩、男女共同参画社会に近づいた。

ちょうどこの翌年の八五年、日本は女子差別撤廃条約を締結し、男女雇用機会均等法が成立した。女性戦士の増加もまた、世相を反映したものといえよう。

　バイオマンの二人の女性のうち一人は「気が強くて行動的な」イエローフォー、小泉ミカ（矢島由紀・演）。ミカは第一〇話でバイオキラーガンを浴びて死亡するが、「後任」の矢吹ジュン（田中澄子・演）も「活発で五輪強化選手の体力」を持つ女性だった。そして、もう一人は「清楚《せいそ》で心優しいお嬢様」のピンクファイブ、桂木ひかる（牧野美千子・演）である。それまでにないフェミニンなファッションのピンクの誕生だった。

　比較的ショートヘアでボーイッシュなイエローとロングヘアで可憐なピンクという、アイドル歌手グループのようにわかりやすい棲《す》み分《わ》けの二人は、性格と色が入れ替わったり、再び紅一点体制に戻ったりと多少のブレはありながらも、九六年の『激走戦隊カーレンジャー』まで続いていく。

　なお、『バイオマン』のときには、女児を視聴者に取り込もうという動きもあった。それまで超合金ロボットや武器など、男児向けのおもちゃばかりだったヒーロー玩具の世界に、初めて、金髪の人形に取り外し式の面や手袋がついた着せ替え人形「バイオガール」（バンダイ製）が発売されている。日本人のヒロインなのに、人形は二人そろって金髪という、明らかに着せ替え人形の流用のこのバイオガールは、ディテイルにこだわる女児向け玩具としては相当乱暴であり、爆発的に売れたとは思わない。だが、男児中心の戦隊玩具界に、女児向け玩具が殴り込みをかけた珍しい事例としてあげておきたい。

340《みしお》のみどころ 17・0 特撮流恋愛事情——南海に咲くロマン

デンジピンクに変身するヒロイン、桃井あきら（小泉あきら〈当時〉・演）が活躍する『電子戦隊デンジマン』第一八話「南海に咲くロマン」は戦隊史上に残る傑作だ。

ベーダーは、太古の海に生息していた海彦一族の末裔を覚醒させようとする。その一人、洋太郎はあきらの幼なじみだった。戦いを嫌う海彦一族の特性ゆえに、競争社会になじめずにいる洋太郎だが、あきらには心を開く。

洋太郎を守って戦うあきら。だが、敵は倒しても、現代の汚れた海では海彦一族となった洋太郎は暮らせず、南の海へと去っていく。「かくして最後の海彦一族は、波間にその姿を永遠に消した」という名ナレーションと全編に流れる切ない旋律。ドップラー作「ハンガリー田園幻想曲」だと最近教えられた。

ダブルヒロインの役割分担に変化

次のターニングポイントは、二〇〇四年。この年の『特捜戦隊デカレンジャー』で、女性二人の位置付けが大きく変わる。

デカピンクのウメコ（菊地美香・演）とデカイエローのジャスミン（木下あゆ美・

演）とは、妹と姉のような差別化がはかられた。ウメコは子供っぽく、天真爛漫《てんしんらんまん》な性格。ジャスミンは大人の女でクールビューティーである。

「ボーイッシュ」と「お嬢様」の棲み分けには、どこか男目線での女性の選別が感じられた。「ジェンダー」の思想が濃厚だ。そもそも、見た目からしてわかりやすくボーイッシュな女性と女らしい女性とに女性のタイプを分けるというのは、かなり乱暴な分類でもある。逆を考えてみてほしい。男性二人のキャラを設定するときに、「男らしい男」に対して「女性的な男」とは、普通はしないはずだ。

でも、「姉と妹」の棲み分けは、ボーイッシュとお嬢様ほどには、「ジェンダー」を感じさせない。妹はいずれ姉になるだろうし、姉にとって妹はかつて通ってきた道である。同じことは「兄と弟」にも当てはまる棲み分けだ。

『戦隊』ヒロインはここで、さらなる進化を遂げたと言えよう。

進化の直前、二〇世紀と二一世紀の変わり目に近い一九九九年に男女共同参画社会基本法が施行され、二〇〇一年には内閣府に男女共同参画局が発足していることは、示唆に富んでいる。ヒーローの世界でも、男女共生が進んできている。

女性管理職、華麗に活躍

『戦隊』の世界で最初に管理職の女性が出てきたのは、一九九一年の『鳥人戦隊ジェットマン』の小田切綾長官（三輝《みき》みきこ・演）だった。三三歳で独身という設定で、巨大変形ロボのジェットガルーダを乗りこなし、次元獣を倒すなど目覚ましい活躍を見せた。

それから五年、『ウルトラ』の世界でも、女性の管理職が誕生した。九六年の『ウルトラマンティガ』の防衛組織GUTS《ガッツ》のイルマ・メグミ隊長である。演じたのは、高樹《たかき》澪《みお》。イルマは、夫と死別し、息子を女手一つで育てているという設定だった。GUTSにはティガに変身するダイゴ隊員（長野博・演）と恋仲になるエースパイロットのレナ隊員（吉本多香美《よしもとたかみ》・演）も在籍しており、かつての科学特捜隊と比べ、格段に男女共生が実現している組織なのであった。

小田切長官もイルマ隊長の登場も、男女共同参画社会基本法施行の前ではある。でも、九二年には育児・介護休業法が施行されるなど、女性が長く働きやすい環境が徐々に整備されてきた時代であった。

なお、斎藤美奈子の『紅一点論』（ビレッジセンター出版局　一九九八年）は、イルマ隊長の登場を評価しつつも「若い娘でないのはもちろんだが、堂々たる体軀《たいく》の中年女性ではなく、楚々とした雰囲気の高級クラブの雇われママみたいな女」と評し、「昇進に際しても、容姿のバイアスがかかっているのかもしれない」とかなり意地悪く論評している。言われてみれば、イルマ隊長だけでなく、小田切長官もそんな感じではある。

しかし、「紅一点」が唯一無二の女性の存在の仕方だった世界に、やっと現れた女性管理職である。「雇われママ」みたいだったとしても、そこは芝居なのである。大らかに見てほしいと思う。

自由奔放な悪の華たち

そんな特撮ヒーローの世界で、実は、もともと女性がのびのびと大活躍していた場所がある。

それは悪の組織だ。

『戦隊シリーズ』では、曽我町子《そがまちこ》が演じたヘドリアン女王（『電子戦隊デンジマン』『太陽戦隊サンバルカン』）や魔女バンドーラ（『恐竜戦隊ジュウレンジャー』九二年）を筆頭に、近年では『炎神戦隊ゴーオンジャー』（二〇〇八年）で及川奈央《おいかわなお》が演じたケガレシアや『忍風戦隊ハリケンジャー』（〇二年）で山本梓《やまもとあずさ》が演じたフラビージョらがずらりと並ぶ。演じた女優もなかなか多彩である。清楚でどこか処女性を感じさせる戦隊ヒロインに対して、肉感的で大人の成熟した女を思わせる女幹部が多いのも特徴だ。

もちろん、『戦隊シリーズ』だけでなく、『宇宙刑事シリーズ』にも魔女キバやドクターポルターら女性幹部が存在していた。余談だが、『宇宙刑事シャイダー』（一九八四年）の敵組織、不思議界フーマの幹部、神官ポーは男性俳優の吉田淳《よしだじゅん》が演じたことで、ニューハーフと認識されがちだが、実はフーマの支配者の孫娘という設定なので、れっきとした女性である。なんでもありのヒーロー番組の悪の世界でも、まだリアルなニューハーフの幹部は登場していない。

女性幹部に話を戻すと、川内康範三部作にも、死ね死ね団には塩沢とき演じるイグアナや曽我町子演じるゴッドイグアナ、隅田和世《すみたかずよ》演じる前世魔人のヒメコブラらがいたし、『星雲仮面マシンマン』（八四年）には子供の笑顔を見ると鼻が赤くなる、湖条千秋《こじょうちあき》演じるレディーMがいた。

悪の組織に女性幹部が多いのは、おそらく「魔女」からの連想なのだろう。八〇年以降になると、ほとんどの悪の組織に女性幹部がいるようになる。

この女性幹部たちは、皆、実に楽しそうに働いている。眉間にしわを寄せて悪事を働くというよりは、まるで悪事が趣味のような働き方なのだ。天職とでも言うべきか、趣味と実益をかねて悪さを重ねる人が大半だ。組織内でもそれなりの地位についているから権力もあるし、ストレス解消はやりたい放題。服装や髪形も個人の自由に任されており、「接客があるからマニキュアはNG」とか「大きなピアスは怒られるかも」などということを心配する必要もない。臍《へそ》も胸元も出し放題。それぞれの個性を生かした自由なおしゃれを楽しんでいる。

ベーダー一族のヘドリアン女王は、楽しそうな女幹部の代表格だろう。汚いもの、腐った世界が好きで、そのために地球を汚す作戦を立てている。「とにかく地球を腐らせたい」という思いあればこその作戦遂行であり、終盤の物語で、自分が組織の中で実権を握るために政治的に動き回ったバンリキ魔王（男）と比べると、ずっと動機が純粋だった。

自分の美貌には自信があり、スリーサイズをすべて「九八（センチ？）」と計測され、ぷーっと頬を膨らませてみせるなど、愛嬌のある一面も見せた。

同じく曽我が演じたバンドーラに至っては、月面基地、バンドーラパレスで側近の女幹部のラミィ（河合亜美〈現・河合亞美〉・演）たちを従えて、楽しそうに歌ったり踊ったりしていたものだ。

汚い世界を好むわりに、作戦においては「潔癖」な女性が多いのも特徴だ。『ダイヤモンド・アイ』の敵、ヒメコブラは、側近の男たちが人質を取るような卑怯な作戦をとことん嫌った。『炎神戦隊ゴーオンジャー』の敵、蛮機族《ばんきぞく》ガイアークの三大臣の一人、ケガレシアは、目的のためなら部下の命も犠牲にする独裁者、総裏大臣《そうりだいじん》ヨゴシマクリタインに対し、「わらわたちが目指したのは、蛮機族全員が気持ちよく暮らす理想のゴミ世界。仲間を踏みにじるお前に、そんな世界は作れないでおじゃる」と言い放った（第四九話「最終ケッセン」）。

『烈車戦隊トッキュウジャー』（二〇一四年）に登場したグリッタ嬢（声は日高のり子）は、シュバルツ将軍への初恋に悩み、シュバルツが落とした薔薇《ばら》の刺繍《ししゅう》入りハンカチを大切に持っていた。小太りで幼さののこるグリッタ嬢は、まるで、恋にあこがれ、前髪の長さに悩む思春期の中学生女子のようだった。

悪の組織なのに、なぜかピュアな女性が多いのだ。

340《みしお》のみどころ 18・0 イチオシのヒロイン ——感情を持ったメカ、ブレイン

『超電子バイオマン』のピンクファイブ、桂木ひかる（牧野美千子・演）が大好きだ。彼女の魅力が満開なのが第一四話「新頭脳ブレイン！」。敵の巨大メカを操る新頭脳ブレインは感情を持つコンピューター。バイオマンに挑発され、ボスであるドクターマンの命令に背き、暴走して処刑されかける。ブレインを助けたひかるは、ブレインに、メカにも感情があれば友達になれると語りかける。

ひかると心を通わせたブレインは、ひかるを救うため、巨大メカと一体化することで攻撃を封じ、倒される。ひかるに「君のような美しい心を持ったコンピューターになりたかった」と言い残して「絶命」する姿には落涙必至。追悼のピンクの花を波間に投げるひかるは、ヒロイン史上屈指の美しさだ。

「女性幹部の目標値」をほぼ達成

ふと思い立って、『戦隊シリーズ』の悪の組織における幹部クラスの中の女性の割合を調べてみた。中には一話だけの登場なのに「幹部」扱いされていたり、組織には所属していない流れ者がいたり、あるいは『特捜戦隊デカレンジャー』（二〇〇四年）のように組織としての存在はあいまいなものがあったりするので、厳密な数は出しにくい。「正体は球体」とか「液体」など、性別が特定できないものもいる。そのあたりは主観で判断したので、厳密な数字ではないが、『30大スーパー戦隊超全集』（小学館　二〇〇七年）などを参考にしながら、ざっくりと計算してみた。

実に面白い結果がでた。

第一作の『秘密戦隊ゴレンジャー』から第三八作の『烈車戦隊トッキュウジャー』までの作品の中には、初期の『ゴレンジャー』と『ジャッカー電撃隊』以外、すべての組織に継続的に登場している女性幹部やそれに準じた主要人物がいる。男女、性別不明を合わせた幹部の総数は二四三人。このうち男性が一六八人で、女性は六九人、その他が六体であった。女性の割合は約二八・四％である。幹部のうち、だいたい三割が女性という計算といえるだろう。

絶妙な数字に驚いて、正義の側も計算してみた。こちらは、男性が一五三人、女性が五六人。女性戦士の割合はこちらも約二六・八％と三割に近い数字である。

厚生労働省の二〇一三年度調査によれば、日本の職場で、課長相当職以上の管理職全体に占める女性の割合は六・六％しかない。それどころか、女性の非正規労働者の数は増え続けており、女性労働者の過半数を占めるに至っている。女子管理職を有する企業の割合も五六％と半数強だけだ（厚生労働省「平成二五年度雇用均等基本調査」概況）。国際労働機関（ＩＬＯ）の報告書でも、日本の女性管理職の比率は一一・一％で一〇八の国・地域別ランキングの九六位と低い位置にとどまっている。

こうしたことから、「女性が輝ける社会」を目指す現在の安倍政権は、二〇年までに指導的地位に占める女性の割合を三〇％にするという目標を掲げている。前述のように、三〇％は少数派たる女性が社会で影響力を持つことができるようになる割合でもある。

なんと、特撮の現場では、悪の側も正義の側も、すでにこの目標値に肉薄しているのだ。もっとも、正義の側においては「紅一点」、ひっくり返せば「五人のうちの一定数を女性にする」というクオータ制を四〇年もの間、取り入れてきたわけだ。それに、管理職（リーダー）は『忍者戦隊カクレンジャー』の鶴姫（広瀬仁美《ひろせさとみ》・演）と『未来戦隊タイムレンジャー』のユウリ（勝村美香・演）くらいしかいないから、悪の組織と同等の評価に値するかは微妙なところだ。

その点、悪の組織では、いくつかの世襲制を除いて、完全な成果主義、実力主義で女性の登用がなされている。そこでヒーロー側よりも三〇％に近い数字が出てくることは、とても興味深い。先進的という意味では、最終話でジュウレンジャーによって壺《つぼ》に入れられ封印された後とはいえ、子供を産んでもなお組織にいる『恐竜戦隊ジュウレンジャー』（一九九二年）のラミィのような存在が、育児・介護休業法が施行された年に登場しているほどだ。

もっとも、数的には一定の数を占めながら、悪も正義も、活躍しているのは「独身」で「若い」女性が大半である。そして、そんな女性像が、筆者を含め、「元・少女」たちに刷り込んできたものは、大きい。

数値目標を超えて、これから特撮ヒロインは、悪の女性幹部たちは、どこへ向かうのだろうか。二〇一五年には東京・渋谷区で同性カップルを「結婚に相当する関係」と認める条例が成立するなど、家族の形も男女の生き方もどんどん多様化してきている。一五年には『戦隊シリーズ』に初の女性監督、荒川史絵《あらかわふみえ》が誕生（Vシネマ『行って帰ってきた烈車戦隊トッキュウジャー　夢の超トッキュウ7号』）。特撮の制作現場にも変化の兆しが現れてきている。

少年少女に大きな影響を及ぼす特撮の世界で、多様な女性の、そして人間の生き方があることを、これからも示していくことができるかどうか。それが、特撮ヒロインの試金石となるはずだ。

第八章

ギネス級番組『スーパー戦隊シリーズ』の足跡

集団ヒーロー登場までの道のり

一九七五年の『秘密戦隊ゴレンジャー』から現在まで、実に四四年間、四三作品も続いているのが、東映の『スーパー戦隊シリーズ』(改めて以下では『戦隊シリーズ』あるいは『戦隊』と表記)だ。七八年の約一年間をのぞき、一年間完結の連続ドラマがこれほど長期間にわたって続いて作られているのは、『戦隊シリーズ』以外では、NHK大河ドラマだけだ。それどころか、約三〇分の特撮ドラマを毎週新たに作り出すなどという「クレイジー」なことをしているのは、世界中でも日本の東映だけなのである。

『戦隊シリーズ』誕生のきっかけは、テレビ局のネット変更という大人の事情であった。それまで、関東ではNET(現・テレビ朝日)がMBS(毎日放送)制作の『ライダーシリーズ』を放送するという「腸捻転」状態が続いていたのだが、『仮面ライダーアマゾン』が放映されていたこの年、この捻《ね》じれを解消して、MBSがTBS系列に移ることになる。それにより、『ライダーシリーズ』の放映権を失ったNETに、『仮面ライダー』の代わりに提案されたのが、同じ東映の制作陣による『秘密戦隊ゴレンジャー』の企画だった。

もともとは、『アマゾン』放送時に、五作目となる次回作には五人の仮面ライダーを出したらどうか、という「五人ライダー」の企画だった。MBS側に難色を示されたことで、お蔵入りになりかけていたその企画が、転じてゴレンジャーという集団ヒーローになった。

五人のヒーローを五色にするという画期的なアイデアは、『仮面ライダー』と同じく、石ノ森章太郎（当時は石森章太郎）によるもの。当初は「ファイブレンジャー」というネーミングが有力だったが、決定直前に日本語読みの「ゴレンジャー」に変更となった。平山亨によると、女性戦士のピンクレンジャーというネーミングを考えていて、ふと女性の太ももが浮かんだのだという。そして、「ピンク」より太ももの「もも」をとって「モモ」の方が「色気があっていい」という結論になり、そこからすべてがひっくり返って、日本語読みの「ゴレンジャー」に落ち着いたのだそうだ。国際婦人年に、ふさわしいのかふさわしくないのか、実に微妙な誕生秘話だが、この決定があったからこそ「五人そろってゴレンジャー」の名台詞が生まれたわけだ。

ゴレンジャーの五人が勢ぞろいして名乗りをあげる場面は、大野剣友会の殺陣師、高橋一俊が、歌舞伎の『白浪五人男』の「青砥稿《あおとぞうし》花紅彩画《はなのにしきえ》　稲瀬川《いなせがわ》勢揃《せいぞろ》いの場」での五人男の見得から思いついた。もちろん、東映が長年の娯楽時代劇制作で培ってきたノウハウがそこに生かされたことは言うまでもない。シリーズが進むにしたがって、ヒーローは高い場所に立ち、自分の名前だけでなく「鋼の猛牛!」とか「風が哭《な》き、空が怒る」などと「口上」のようなものを述べながらポーズを取るようになり、五人の背後では色つきの爆発が起こる派手な演出も加えられていく。あれも歌舞伎の舞台で主役が見得を切る際に、黒子が高い台を運び込み、見得を切る役者の後ろで着物の裾を背景のように広げる手法によく似ている。なるほど、『戦隊』のルーツは歌舞伎なのだなと思わされるところだ。

340《みしお》のみどころ 19・0 あの人がここに!——『戦隊』意外な出演者たち

『戦隊シリーズ』には意外な人が出演している。オールドファンとして印象に残っているのは『電子戦隊デンジマン』の準レギュラー、三原順子(当時)で、サーカスでデンジブルー、青梅大五郎(大葉健二・演)ときょうだいのように育ったという設定。子役時代から活躍していた三原は他の『戦隊』作品にも出演している。二代目引田天功を襲名する以前、アイドル、朝風まり時代の彼女も『デンジマン』第三一話で歌いながらマジックを披露している。

子役では『電磁戦隊メガレンジャー』第四〇話の大島優子や『忍者戦隊カクレンジャー』第三〇、三一話の井上真央が有名なところか。篠原涼子も『高速戦隊ターボレンジャー』第三三話で女子高生役を演じている。

『戦隊』は国境を越える

極めて日本的なそうした演出が受けたのか、『戦隊シリーズ』は海外でも人気を得る。『戦隊シリーズ』の海外展開といえば、九三年から北米で放送されている『パワーレンジャーシリーズ』が、まず頭に浮かぶ。ドラマパートに現地の俳優を使った新撮部分を加えてローカライズした『パワーレンジャー』は、「北米で最もヒットした日本製コンテンツ」と評価されている（豊永真美「パワーレンジャーをヒットさせた男」『一橋ビジネスレビュー』２０１０年ＷＩＮ．東洋経済新報社　二〇一〇年）。

だが、驚くべきは、海外展開用にわざわざリメイクされた『パワーレンジャー』よりも、オリジナルが人気を集めている国が、少なくないことだ。フランスでは『超電子バイオマン』がいまだに高い人気を誇り、出演した坂元亮介（放送当時は阪本良介）らの俳優がパリでのイベントに招かれている。一部のオタクだけの局地的な人気かと思いきや、セーヌ川沿いの普通のカフェでも大歓迎を受けたというから、人気の裾野はオタクを超えて広い。

フィリピンでも『バイオマン』や『光戦隊マスクマン』『地球戦隊ファイブマン』が人気だし、台湾からは、『戦隊シリーズ』の俳優が経営する飲食店をめぐる「特撮ツアー」の観光客が来日している。

地球の反対側ブラジルでは、『電撃戦隊チェンジマン』と『超新星フラッシュマン』が尋常ならざる人気。世界的に活躍するアニメソングユニット、JAM Project《ジャムプロジェクト》（Japan《ジャパン》 Animationsong《アニメーションソング》 Makers《メーカーズ》 Project《プロジェクト》 影山ヒロノブ、遠藤正明、きただにひろし、奥井雅美、福山芳樹によるユニット）のブラジル人準レギュラーメンバーであるヒカルド・クルーズは『戦隊』好きが高じて高校時代には日本に留学までしているが、『チェンジマン』や『フラッシュマン』の怪人名を見て日本語を覚えたという。

関係悪化が懸念されているお隣、韓国でも、『バイオマン』などの『戦隊シリーズ』はレンタル店で貸し出され、人気なのだという。五色の戦士たちは、親善大使の役割まで果たしているのだ。

340《みしお》のみどころ 20・0 **感極まりの神回 ——母の愛とビーダマラー**

母の愛の深さに打たれる一作と言えば『電子戦隊デンジマン』第三四話「哀《かな》しい捨て子の物語」だ。町に出現したベーダー怪物ビーダマラーは、実は古川家の息子、俊介。一七年前の夏の夜、宇宙から落ちてきた卵から生まれたのが俊介で、母は神様からの贈り物として大切に育ててきた。

「あの子を信じます」と言う母は、デンジグリーン、緑川達也（内田直哉・演）に頼み、暴れる息子を説得する。優しく「二人だけで話しましょう」という母の愛が通じ、泣き出すビーダマラー。だが、ベーダーに再び狂暴化させられ、緑川は母に断って彼を倒す。全編に流れる、みなみらんぼうの「母の背で覚えた子守唄」と最後の「母なるもの」を讃えるナレーションに、胸が熱くなる。

世相の変化を映し出す

『戦隊シリーズ』は、四〇年間の世相や流行の変化をも映し出す。

映画『サタデー・ナイト・フィーバー』(日本での公開は七八年)でディスコブームが起きれば、ヒーローがダンスを取り入れたアクションで戦う『バトルフィーバーJ』(七九年)が躍り出る。同作は、東映が『スパイダーマン』(七八年)に続いてアメリカのマーベル・コミックス・グループと著作権契約を結び、同社のアメコミをベースに作られており、『戦隊シリーズ』の中でも異色の存在だ。

翌年始まった『電子戦隊デンジマン』は、額に点滅するデンジメカを搭載、その名もアイシーというデンジ犬に選ばれた戦士が宇宙の超科学で戦うという設定だった。アイシーはもちろん、IC回路からの借用だろう。アップル社が家庭用コンピューターの先駆けとなる「ＡｐｐｌｅⅡ」を発売したのが七七年。国内のメーカーがパソコンを相次いで発売するのは、七八年から七九年にかけてのことだ。パソコンなど、今につながる電子機器が私たちの日常生活の中に登場してきたのがまさにこの頃であり、そうした時代の空気が『デンジマン』には映し出されている。

名乗りシーンでデンジマンの額のデンジメカがピコピコと点滅するのも、登場前年の七九年、テレビゲームの「スペースインベーダー」が社会現象とも言われる空前のブームとなっていたことを彷彿とさせる演出だ。

八四年のロス五輪で新体操が正式種目に採用される直前には、新体操技で戦う『大戦隊ゴーグルV』が、五色のリボンやフープを武器として登場。バイオテクノロジーを応用した医薬品の商品化が相次いだ八〇年代前半には、『バイオマン』が生まれる。さらに、トレンディドラマ『東京ラブストーリー』や『もう誰も愛さない』が大ヒットしていたバブル末期の九一年には戦隊内でドロドロの恋愛模様が展開する『鳥人戦隊ジェットマン』が放送され、「戦うトレンディドラマ」の異名をとった。

「Ｗｉｎｄｏｗｓ 95」が発売され、インターネットが本格的に普及し始めると、高校のデジタル研究会所属の五人が変身する『電磁戦隊メガレンジャー』（九七年）が登場する。

九〇年代後半、「酒鬼薔薇聖斗《さかきばらせいと》」による神戸連続児童殺傷事件や中学校内にてナイフで教師を刺殺する事件など、少年犯罪が連続し、「なぜ人を殺してはいけないのか」という議論がマスコミをにぎわしていた世紀末に現れたのは、『救急戦隊ゴーゴーファイブ』（九九年）。彼らの名乗りの言葉は「人の命は地球の未来」だった。世紀の変わり目には、西暦三〇〇〇年の未来からやってきた戦士たちが『未来戦隊タイムレンジャー』（二〇〇〇年）として二〇世紀の日本に降り立ち、一一年の東日本大震災の翌年の『特命戦隊ゴーバスターズ』ではエネトロンと呼ばれるクリーンエネルギーを巡る敵との攻防戦が描かれた。

340《みしお》のみどころ 21・0 けなげさに涙の神回――父の愛とメカ少女

タイトルを見ただけで泣けてくる。それが『太陽戦隊サンバルカン』第一一話「哀しみのメカ少女」だ。敵組織のブラックマグマは上村博士に、亡くなった一人娘、ユミにそっくりな機械人間を与える。代わりに毒シダを作れというのだ。「パパ」と話しかけ、涙も流すユミに、博士は娘が帰ってきたと狂喜する。

ユミの使命は、博士を監視し、毒シダを作らせること。だから、作戦に気づいた太陽戦隊によって研究室を脱走させられた博士に、ユミは銃口を向ける。ところが、いくらブラックマグマが命令してもユミは撃てない。博士の愛情に感応して、博士を慕う気持ちが芽生えていたのだ。「パパは…撃てない……」とつぶやくユミ。「さよなら、パパ」と言って自爆を選ぶユミの姿に、涙腺決壊の一作だ。

中国残留孤児の姿を投影

中でも異彩を放っているのは『フラッシュマン』（八六年）だ。同作は、八一年に初来日した中国残留日本人孤児をモチーフにしている。幼くして宇宙にさらわれ、フラッシュ星で育てられた子供たち＝フラッシュマンの五人が、二〇年後、親を探すために地球に戻ってきて、地球を狙う改造実験帝国メスと戦うことになる。ところが、ある日を境に、水が飲めなくなるなど、地球環境に適応できないアレルギー反応のような「反フラッシュ現象」を起こし、地球滞在にタイムリミットが設けられてしまう。

なんとか敵は壊滅させたものの、そのまま地球にとどまっていては命に関わる。一年かけて両親が判明したのは、五人のうちの一人、イエローに変身するサラだけ。しかも、残酷にも時間切れとなり、サラも親子の名乗りができないまま、宇宙船の窓から地球に別れを告げ、フラッシュ星へと帰って行くという悲劇の幕切れだった。

当時、肉親を探すため中国から来日したものの、規定の日数内に肉親を見つけることができず、帰国を余儀なくされる孤児の姿がたびたび報道されていた。終戦から四〇年余りがたっており、肉親捜しは容易ではない。来日したものの、手がかりすらつかめないまま、孤児たちがバスの窓の向こう、泣きながら帰っていく姿を、作り手がヒーローに投影したのが『フラッシュマン』だったとは、当時筆者が文通していたシナリオライターの曽田博久《そだひろひさ》から聞いた話である。

官から民へ？

世相の変化は、戦隊の「所属団体」や「上司」の変化にも現れている。

七〇〜八〇年代の戦隊が所属している組織には「官」、つまり公的機関と思われるものが多い。ゴレンジャーは国連が設立した国際秘密防衛機構イーグルの所属だし、バトルフィーバー隊はダンス場面が挿入されるといういささか「軟派」な戦隊だが、国防省の将軍が集めた組織だ。しかも、将軍役は、往年の時代劇スター、東千代之介《あずまちよのすけ》が演じており、和装で日本刀を振るう場面もある。サンバルカンも、先進国首脳会議（サミット）が決定して国連が設立したとされている組織である。軍隊、あるいはそれに準ずる組織の後ろ盾がある戦隊が多いのだ。

八〇年代初頭まで、国連が関係する組織が多いことには、日本人の「国連好き」の歴史がうかがえて興味深い。終戦後、日本は五二年から三度目の加盟申請で五六年に国連加盟を果たしているが、その際には、記念切手が発売され、七万人の受刑者が記念恩赦されたほどのお祭り騒ぎだったという。翌年の施政方針演説でも、外交三原則の柱として国連中心主義が掲げられた。日本人には「国連を過大評価し、国連に権威を認めすぎる」ところがあると、元国連職員の吉田康彦《よしだやすひこ》は書いている（『国連改革』集英社新書二〇〇三年）。フォークランド紛争も湾岸戦争もイラク戦争も起きる前、まだ人々が、国連が国際政治の利害調整役として、世界平和を実現するために機能するという「夢」を無邪気に見ていられた時代が、「国連所属」のヒーローを生み出したのではないだろうか。

九〇年代に入ると軍隊色は一気に薄まる。はっきり「軍所属」を謳っているのは、『超力戦隊オーレンジャー』の国際空軍と、一部の戦士がスカイフォースの所属である『鳥人戦隊ジェットマン』くらいだ。二一世紀に入ると、軍隊的な公的機関に所属しているケースは宇宙警察地球署所属の『特捜戦隊デカレンジャー』（二〇〇四年）と『ゴーバスターズ』のエネルギー管理局特命部特殊部隊くらいしか見当たらなくなる。

軍隊に代わって、時代とともに増えてくるのは、民間団体が設立した組織に所属したり、個人の自由意思で集ったりしている戦士たちだ。戦い以外に「本職」を持つ戦士も多いし、「魔法使い」や「護星天使」「宇宙海賊」など、地球の人間ではない戦士も増えてきた。ちなみに、「本職」は教師やレーサー、インタープリターなど、多岐にわたるが、医者は『百獣戦隊ガオレンジャー』（〇一年）のガオレッド、獅子走《ししかける》（金子昇・演）の獣医師くらいしか見当たらない。人の命を救うという意味ではヒーローと医者には共通項があるのに、人間相手の医者が一人もいないのは、意外なところである。

戦隊の世界でのこうしたかっちりした「軍隊的組織」からふわりとした「民間団体」

への移行は、「官から民へ」という現実の世界の変化を、敏感に感じ取った結果とも言える。

もっとも「民間主導」になってからの方が、戦隊の装備は断然豪華になっている。「官」時代の『バトルフィーバーJ』で登場した芸術的なまでに美しい巨大ロボットは、次の『デンジマン』では変形ロボとなり、『サンバルカン』では合体ロボとなった。

それが「民」時代となった後の『フラッシュマン』からは一つの戦隊に二体のロボが登場するようになり、二一世紀に入ると、数えきれないほどのロボットやパーツが登場するようになった。

もちろん、これは官とも民とも関係ない。少子高齢化により、子供の数が減った一方、一人の子供に、両親と双方の祖父母といういわゆる「シックスポケット」（六つの財布の意味）が存在するようになったことに目をつけた玩具メーカーの都合によるものだ。

340《みしお》のみどころ 22・0 著者と同名のゲスト――一七歳の「美潮ちゃん」

『大戦隊ゴーグルV』第三〇話「猪苗代《いなわしろ》の黄金魔剣」には会津一鉄流当主の孫娘、一七歳の「鈴木美潮」が登場する。『電子戦隊デンジマン』で脚本家、曽田博久の作品にはまった一五歳の筆者は、感想の手紙を曽田に送り、以後、文通を続けていた。

長い感想文を送る高校生が珍しかったのだろう。一七歳の夏に「名前を使わせてもらいました」と手紙をもらう。指折り数えて放送を待ち、当日はテレビの前で正座した。「美潮」の「祖父」はゴーグルVから孫の婿を選ぼうとしている設定で、祖父役は仮面ライダーX、神敬介の父を演じた田崎潤《たざきじゅん》。「この中からお婿さんを……」と妄想を渦巻かせながら作品を見た。ゴーグルVが呼んでくれた「美潮ちゃん」は今も耳に残っている。文通がもたらしてくれた奇跡だった。

おじさんレッド

『戦隊シリーズ』四〇年以上の歴史の中では、主役であるレッドのキャラクターも大きな変化を遂げてきた。

そもそも、第一作『ゴレンジャー』がスタートしたときの各色の戦士の位置づけは、赤がリーダー格、青が二枚目、黄色が豪傑、桃が女性、緑が坊や、というものだった。このキャラクター配分もまた、歌舞伎など時代劇の設定にならったもの。時代小説で街道を旅する一行は、だいたいこうした役割分担で構成されている。

当初、五人の中で「リーダー」のレッドに求められたのは、「頼れる存在であること」や「大人であること」だった。だから、初期のレッドはものすごく「おじさん」くさい。アカレンジャーに変身する海城剛を演じたのは、放送開始当時二六歳だった誠直也だが、角刈りに鋭い眼光のその姿は、怖いくらい大人の男である。実は海城の設定年齢は二四歳で、前述のガオレッドの獅子走と同じなのだが、落ち着きも貫禄《かんろく》も段違いで、どちらかをタイムマシンに乗せて二人を並べてみても、まず同い年には見えないだろう。「おじさんレッド」は冗談どころか無駄口はきかないし、おちゃらけもしない。基本的に冷静沈着だ。そして、とにかく五人の中の誰よりも強くて責任感と統率力があった。現代の私たちが二四歳にイメージするより、ずっと大人な存在だった。

この「おじさんレッド」の傾向は、初期の『戦隊シリーズ』に顕著だ。一九八〇年代半ばの『フラッシュマン』のレッドフラッシュ、ジン（垂水藤太《たるみとうた》・演）あたりまで、レッドは、設定年齢はともかく、ほかの四人よりも大人で成熟した戦士として描かれていた。『月光仮面』が主題歌で「月光仮面のおじさん」と歌った、その延長線上にレッドもまた、存在していたといえよう。

時代に目を向ければ、第一次オイルショックを経て、高度経済成長は終焉を迎えていた。七六年には、庶民のヒーローだった田中角栄前首相（当時）が「ロッキード事件」で逮捕される。確かなものの価値観が崩れていく「不確実性の時代」にあって、人々が求めたリーダー像が、アカレンジャーに代表される「おじさん的」な頼れる強いヒーローだったのではないだろうか。

340《みしお》のみどころ 23・0 歴史的名場面――夕陽を背に一騎討ち

『戦隊』の歴史的名場面といえば、『電撃戦隊チェンジマン』第五二話「ブーバ地球に死す」の、宇宙海賊ブーバ（岡本美登《おかもとよしのり》・演）とチェンジドラゴン（スーツアクターは新堀和男《にいぼりかずお》）の夕陽をバックにした一騎討ちである。

直前に、脱走を決意してチェンジマンに救いを求めた女幹部シーマをブーバが斬ったため、ドラゴンの怒りは頂点に達しており、死闘の末、ブーバを倒す。

ところが、シーマを斬った剣は、彼女を救うための活人剣だった。感謝を伝えるシーマに「きれいだぜ、やっぱりお前はお姫様だ」と囁《ささや》き、絶命するブーバ。

ラストで、ブーバの墓標の映像に流れるナレーションにとどめを刺される。「宇宙海賊ブーバ、地球に死す。年齢不明。生年月日不明。生まれた星も、不明」

バブルの時代のレッド

「おじさんレッド」の流れが大きく変わるのは、八七年だ。

『マスクマン』のレッド、タケル（海津亮介《かいづりょうすけ》・演）は、敵組織のお姫様と、なんと恋に落ちるのである。『ゴレンジャー』のキレンジャーがカレーに夢中になろうが、『デンジマン』のデンジブルーがアンパンをロッカーに溜《た》め込もうが、禁欲的で四六時中地球の平和のことだけを考えていたはずのレッドが、よりによって、もっとも個人的でもっとも利己的な行為であるところの恋愛に、しかもロミオとジュリエットばりの大恋愛に落ちてしまうのである。

ソ連ではペレストロイカが叫ばれ、国内ではNTT株フィーバーが過熱し、安田火災海上保険（現・損保ジャパン日本興亜）がゴッホの「ひまわり」を約五三億円で買ってジャパンマネーに対する「羨望と怨嗟《えんさ》の声」が渦巻いていたこの年（『プレイバック1980年代』村田晃嗣《むらたこうじ》著　文春新書　二〇〇六年）、バブル初期の浮かれる空気とレッドも無縁ではいられなかったと見える。

ちょうどこの年、おじさん的リーダーの最右翼、人気ドラマ『太陽にほえろ！』のボスを演じた石原裕次郎が亡くなったことも時代の変化を感じさせる。

レッドのプライベート重視路線はバブル経済とその崩壊を経て、どんどん進んでいく。九一年の『ジェットマン』のレッドホーク、天堂竜《てんどうりゅう》（田中弘太郎・演）の頭の中は、消えた恋人、藍《あおい》リエのことで占められていたし、九二年の『恐竜戦隊ジュウレンジャー』のティラノレンジャー、ゲキ（望月祐多《もちづきゆうた》・演）は、消えた兄、ブライのことでたびたび心をかき乱されていた。

九三年の『五星戦隊ダイレンジャー』のレッド、リュウレンジャー、天火星《てんかせい》・亮《りょう》（和田圭市・演）になると、たたずまいからして、もはやおじさんではなく、「隣のお兄さん」である。これに先駆けて、八九年には初の高校生レッド、『高速戦隊ターボレンジャー』のレッドターボ、炎力《ほのおりき》（佐藤健太・演）が登場していたし、九四年の『忍者戦隊カクレンジャー』では、ついに戦隊史上初めて、公式なリーダーの座を女性であるニンジャホワイトに奪われてさえいる。

レッドの「若返り」は止まらない。

九六年の『激走戦隊カーレンジャー』のレッドレーサー、陣内恭介（岸祐二・演）は敵には「サル顔の一般市民」と揶揄《やゆ》され、失敗するわ、仕事はサボるわ、居眠りはするわ、と第一作アカレンジャーの海城剛に背負い投げをくらわされそうなタイプのレッドとなった。この二人、陣内が二三歳で海城が二四歳と、実は設定年齢は一歳しか違わないのだが……。

『カーレンジャー』という物語自体が、コメディ寄りの異色作だったことを割り引いても、レッドの「お兄ちゃん化」が進行したことがうかがえる。

この直前まで首相を務めていたのは、社会党（当時）の村山富市。「自社対決」で長く続いてきた五五年体制は九三年に崩壊しており、大臣経験もなく、首相になるとは「思ったこともなければ、考えたこともない」（『村山富市回顧録』薬師寺克行編　岩波書店　二〇一二年）という政治家、つまりはプロというよりは、首相としてはアマチュアに近い政治家が政権を担っていたのが、この『カーレンジャー』の時代というのは興味深い。同じ年には、由紀夫・邦夫の鳩山兄弟らが旧民主党を旗揚げしている。今振り返ってみると、それまで四〇年近く、内政から外交までを担ってきた経験と蓄積のある自民党という「大人」の世界に、政治的な「若者」が参入してきたのがこの年だった。

特撮界では、この年『平成ウルトラシリーズ』がスタート。登場したウルトラマンティガも、かつてのウルトラ兄弟のような生まれついての戦士ではなく、「光であり、人である」存在。『ウルトラマンティガ』最終回「輝けるものたちへ」では、ティガに変身するダイゴに「人間はみんな、自分自身の力で光になれるんだ」と言わせている。

レッド、とうとう「少年化」

若返ったレッドは、世紀の変わり目を超え、主たる視聴者である子供に近い存在となっている。

頼れるおじさんでも、頑張るお兄ちゃんでもなく、一年かけて視聴者とともに成長していき、一年後に「完成形」となるそんな発展途上の「お子ちゃま」レッドが増えてきた。『忍風戦隊ハリケンジャー』(二〇〇二年)でも『魔法戦隊マジレンジャー』(〇五年)でも、『天装戦隊ゴセイジャー』(一〇年)でも、レッドたちは見かけからして、青年というよりも少年だ。

ハリケンレッド、椎名鷹介《しいなようすけ》(塩谷瞬・演)は、イエローに「冷静に冷静に」となだめられるような鉄砲玉野郎だし、きょうだい戦隊のマジレンジャーでのマジレッド、小津《おづ》魁《かい》（橋本淳《はしもとあつし》・演）は一番末っ子の高校生。同じきょうだい戦隊の『地球戦隊ファイブマン』（九〇年）でファイブレッド、星川学《ほしかわがく》（藤敏也・演）が落ち着いた長男にして教師だったのとは対照的だ。

一四年の『烈車戦隊トッキュウジャー』ではさらに進んで、五人全員が実は小学生だったという衝撃の設定だったし、一五年の『手裏剣戦隊ニンニンジャー』でもアカは、妹であるシロやしっかり者のモモらにたしなめられる危なっかしい存在である。

もちろん、こうした万能ではないレッドの描写によって、戦隊の団結力を強調するという狙いはあるだろう。

しかし、過去四〇年の間に、頼れる「おじさん」から未完成な「少年」へと変わってきたレッドは、「チルドレン」と呼ばれても怒らないような大人が増えてきたこの四〇年間の変化をも映し出している。

そして「デブ」はいなくなった

変わったのはレッドだけではない。黄色（イエロー）の役回りも変わった。もはや、第一作『ゴレンジャー』の「カレー大好きキレンジャー」に象徴される、「気は優しくて力持ち」的なポジションの戦隊ヒーローは、すっかり『戦隊』界から淘汰《とうた》されてしまった。ちょっと太目のイエローが出てきたのは、『ジェットマン』のイエローオウル、大石雷太（成瀬富久《なるせとみひさ》〈当時〉・演）が最後だし、「カレー大好き」的な食べ物にこだわりのあるイエローは『科学戦隊ダイナマン』（八三年）のダイナイエロー、南郷耕作（時田優《ときたゆう》・演）の好物がラーメン、というあたりで途絶えている。翌年の『バイオマン』以降はイエローを女性が担当することも増えた。

つまり、三枚目が駆逐されてしまったのである。二一世紀の戦隊は、女性戦士以外は、全員がすらりとしたイケメンくん。そしてリーダーたるレッドは、その双肩に地球の未来を預けて大丈夫なのか不安なほど、良くも悪くも「若い」。

同質化と素人化は、戦隊の世界だけのことではないだろう。テレビを見れば、マニア以外には区別がつかないような若い男女が、いつでも入れ替え可能と言わんばかりの大きなグループの一員として、均質の笑顔を振りまいている。政界の「悪代官顔」は減り、若手政治家の多くは、アイロンをかけたハンカチのようにさわやかだが、そこに突出した個性は見出《みいだ》せない。

そうした現実の世界を鏡のように映しているのが今の『戦隊』なのだ。

「少年レッド」が現すもの

かつて、筆者は番記者をしていた元首相の橋本龍太郎に『戦隊』の話をしていて、リーダーに必要なものとは何か、と尋ねたことがある。橋本は即座にこう答えた。「リーダーに必要な資質は、自分の夢に自分自身が酔えること、相手に自分の夢が語れ、相手を巻き込んでしまう能力だと思う」と。

橋本の言葉を借りるなら、四〇年間、夢を語り続けてきたのが戦隊のリーダーであるレッドとも言えよう。

同時にレッドは、その時代の人々が欲しいもの、あこがれるものを体現してきたように思う。不確かな時代には、父親のように揺るぎなく信じられる存在を、豊かになってきた時代には、隣にいてともに笑ってくれる友達のようなレッドが登場してきた。

そして今、画面の中には、これ以上若返れないくらい若くなった二一世紀のレッドがいる。そんなレッドに投影される私たちのあこがれとは一体なんだろうか。

二〇〇〇年代初頭に、作家の村上龍が「この国には何でもある。（中略）だが、希望だけがない」（『希望の国のエクソダス』文春文庫　二〇〇二年）と書いた。あれから東日本大震災を経て、村上が語ったような時代の空気は、一層強まっているように思える。

周囲の空気を読むことなく、信じた方向に疑いも恐れもなく突っ走っていくことができる「お子ちゃまレッド」と、彼を支える人たちは、豊かな時代に、豊かさゆえに私たちが見失った「希望」を体現しているのかもしれない。

第九章

冬の時代の『メタルヒーロー』

停滞するヒーロー番組

一九七〇年代の終わりから八〇年代にかけて、特撮ヒーローは「冬の時代」を迎える。「特撮バブル」が嘘《うそ》だったように、番組は激減し、『戦隊シリーズ』も一瞬途絶えてしまう。引き金を引いたのは、二回にわたるオイルショックだったかもしれない。製作費のかかる実写作品にとっては厳しい時代が訪れる。さらに、『宇宙戦艦ヤマト』や『機動戦士ガンダム』に牽引された八〇年代のSF&ロボットアニメブームで、子供向け番組の主流は、製作費のかかる特撮作品からアニメ作品にシフトしていく。

同時期、テーブル型ゲーム機の「スペースインベーダー」ゲームが日本を席巻し、大人の世界ではカラオケが流行し始めていた。子供たちの世界には任天堂の「ファミコン(ファミリーコンピュータ)」が現れ、テレビ以外の娯楽の選択肢が増え始めたのが、この頃だ。

そんな時代に、『ウルトラシリーズ』と『ライダーシリーズ』というヒーロー界の両雄は一度は復活を試みる。七九年に『ザ・ウルトラマン』としてアニメで成功を収めていた円谷プロは、『ウルトラマンレオ』以来六年ぶりに特撮の新作『ウルトラマン80《エイティ》』

(八〇年)を手掛けた。当時深刻化していた校内暴力の問題を受け、ウルトラマン80に変身する矢的猛《やまとたけし》(長谷川初範《はせがわはつのり》・演)は中学校の先生という設定だった。この設定は、当時人気だった『3年B組金八先生』(TBS系)や『熱中時代』(日本テレビ系)を意識したものでもあるだろう。

一方、七九年に復活した『仮面ライダー(新)』(以下では『スカイライダー』と表記)は初代の『仮面ライダー』を強く意識し、原点回帰を図る。主役は、大学生、筑波洋《つくばひろし》(村上弘明・演)で、敵の基地で改造手術を施され、改造人間にされるという仮面ライダー1号に似た設定でスタート。敵組織の名も新たなショッカーを意味するネオショッカーで、怪人の並びもショッカーと同じように、蜘蛛モチーフのクモンジン、蝙蝠《こうもり》モチーフのコウモルジン、サソリモチーフのサソランジンという案配だった。新味としては、当時大ヒットしていた映画『スーパーマン』(日本での公開は七九年)を意識してか、ライダーに空を飛べる能力セイリングジャンプを与え、初の空飛ぶ仮面ライダーとしたことだろう。『スカイライダー』に続いて放送された『仮面ライダースーパー1《ワン》』(八〇年)の場合には、米国のスペースシャトル計画などを取り込み、ライダーは惑星開発用改造人間という設定となった。

だが、七〇年代初頭なら鉄壁だったはずの魅惑の設定のもとでのこれらのヒーローたちは、かつてのような爆発的ブームを起こすには至らない。『ウルトラマン80』は平均視聴率約一〇%と、前作の『レオ』を下回る。『スカイライダー』も原点回帰の暗い雰囲気が裏目に出て、期待されたほどの視聴率には届かず、途中で路線を変更、体色は明るくなり、あまり空も飛ばなくなった。『スーパー1』も視聴率的に振るわず、夜七時台のゴールデンタイムからMBSでは夕方五時、TBSでは朝の七時台に移動を余儀なくされる。ライダーカードやライダーキックを真似して怪我する子供たちが社会問題となった七〇年代のような熱狂はそこにはなく、両ヒーローともシリーズにピリオドを打ち、再び休眠状態に入ってしまうのだ。

プロデューサーとして『スカイライダー』『スーパー1』に携わった平山亨は当時を振り返り、「ヒーローがいらない時代というのがあるのだと思う。時代がそこそこ豊かになってくると、すごいヒーローに出てきてもらわなくてもいい、という雰囲気になってくる。かえってカッコつけて熱血ヒーローが出てきても浮いてしまう。いくら僕らが原点に戻ろうとしても時代が変わっちゃっていた」と語っていた。

七六年には、戦後生まれが人口の過半数に達している。内閣府広報室の調査では、八〇年に国民の八九%が自分の生活程度について中流意識を持つと回答。さらに、総理府の生活満足度調査も、八五年までは上昇を続けていく。「社会全体の経済的な富が膨らんでいたから、誰もが生活が徐々に良くなっていくと期待できた。こうしたなかで、圧倒的に多数の人びとが、将来への展望もこめて自らを『中』と位置づけていた」(『ポス

ト戦後社会』吉見俊哉《よしみしゅんや》著　岩波新書　二〇〇九年）。

この頃の日本を、村田晃嗣（同志社大学法学部教授）は、戦後の「坂の上の雲」に上り詰め、「老若男女を問わず元気一杯」であり、「過度の楽観が支配した」時代だったとみる（前出『プレイバック1980年代』）。

一方、中村隆英（東京大学名誉教授）は第一次オイルショック（七三年）で悲観的な未来観をもった人々がようやく気分的に持ち直そうとしたところに、再び第二次オイルショック（七九年）がきて、「一九八〇年代中ごろまで、沈滞した空気が国民生活を支配していた」と見ている（『昭和史（下）』文庫　東洋経済新報社　二〇一二年）。

楽観時代だったのか沈滞の時代だったのか。あの時代を過ごした筆者の実感では、それなりの「坂」を上りきった達成感はあったけれど、バブルとその崩壊を経た今の時点から当時を振り返ると、まだまだ日本が坂の途中にいた時代だったと思う。でも、色々なものが不安定だった七〇年代とは違い、それなりに、皆が満ち足りた気持ちで、満足のいく暮らしを送ることができた時代であった。

一方、七六年には、戦後最年少の五四歳で首相の座についた田中角栄が「ロッキード事件」で逮捕された。庶民のヒーローだった田中の逮捕は、政治不信を加速させ、しらけムードに拍車をかける。戦う必要がないまったりした時代と、「それなりに」「カラスの勝手でしょ」などの流行語に代表されるようなしらけた空気の蔓延《まんえん》は、熱血型のヒーローの登場には向かなかったのかもしれない。七〇年代には、日本中の映画館で見られたような、子供たちがスクリーンに合わせて映画の主題歌を合唱するようなヒーローとの蜜月の時は、すでに過去のものとなっていた。

輝く『メタルヒーロー』、冬の時代を照らす

だが、それでも、時代は再びヒーローを呼ぶ。そしてニューヒーローは電子星獣ドルを従えて、彗星のごとく現れた。

『ウルトラシリーズ』『仮面ライダー』『スーパー戦隊シリーズ』に次ぐ日本特撮第四の柱となる『メタルヒーローシリーズ』の祖、『宇宙刑事ギャバン』の誕生だ。

暗い色合いのボディーで昭和の匂いを強く醸し出す仮面ライダーとも、ウエットスーツのような分厚い「皮膚」をしたウルトラマンとも、子供のクレヨンの箱から飛び出したような明るい原色の衣をまとったスーパー戦隊とも違い、ギャバンは、硬質でメタリックで、それまでにないピカピカの銀色をしていた。デザインを担当したのは「ポピー、バンダイにその人あり」と言われたバンダイのプロダクトデザイナー、村上克司《むらかみかつし》。「超合金」の生みの親としても知られる。過去最高の製作費が捻出され（『超合金の男』小野塚謙太著　アスキー新書　二〇〇九年）、全く新しいヒーローが誕生した。

放送が始まったのは東京に春一番が吹いた八二年三月五日。前年暮れから関西方面を

中心に偽五〇〇〇円札が出回る事件が相次ぎ、世間を騒がせていた。約一か月前の二月八日には、東京・赤坂のホテルニュージャパンの火災で宿泊客三三人が亡くなり、翌九日には羽田沖で機長の異常操縦で日航機が墜落、死者二四人を出した。ギャバンが銀色のボディーですっくと降り立った日本は、そんなちょっと禍々《まがまが》しい空気に包まれていた。

新機軸で魅了する『ギャバン』

ギャバンは、色々な意味で、全く新しいヒーローだった。

変身アイテムを使っての「変身」の代わりに、素材に金属メッキを施すことを意味する「蒸着《じょうちゃく》」という言葉が使われ、コンバットスーツが円盤から電送されてくるという設定が作られた。「宇宙刑事ギャバンがコンバットスーツを蒸着するタイムは、わずか〇・〇五秒にすぎない」というナレーションとともに、変身プロセスを改めてスローモーションで見せる手法は、それまでありそうでなかった新たな演出であり、子供たちを夢中にさせた。銀色のボディーは光を反射しすぎて通常の撮影が困難とみられたが、そこから、敵組織、宇宙犯罪組織マクーの支配する薄暗い「魔空空間」にヒーローを引きずり込んで戦う方法が考案され、こちらも新しい戦闘場面を作り出した。

そうした新機軸に加え、ギャバン、一条寺烈《いちじょうじれつ》による生き別れの父探しという一年を貫く縦軸は、ドラマに深みを与えた。さらに、ギャバンを演じたＪＡＣことジャパンアクションクラブ（現・ジャパンアクションエンタープライズ＝ＪＡＥ）の大葉健二の体を張ったアクションは、子供向け番組の域を超えた迫力で、視聴者を魅了した。ほぼ毎回のようにある、崖からの飛び降りや、ロープ一本での降下など、最近の番組ではあまり見られないほど激しいアクションを、大葉は吹き替えなしに演じきった。生身での激しいアクションは『宇宙刑事シリーズ』の特徴として引き継がれ、続く『宇宙刑事シャリバン』（八三年）では同じくＪＡＣの渡洋史《わたりひろし》、最終作の『宇宙刑事シャイダー』（八四年）ではシャイダーの相方、女刑事、アニーを演じたＪＡＣの森永奈緒美が難易度の高いアクションを見せている。

ギャバンは視聴率的にも大健闘。父、ボイサー役の千葉真一が登場する最終二話はスペースオペラのような盛り上がりをみせ、最終回では実に視聴率一八・六％を記録した。人気は日本にとどまらない。ハリウッドの人気映画『ロボコップ』（日本での公開は八八年）が、ギャバンのデザインを元ネタに作られたことはよく知られているし、フランスでも『Ｘ・ＯＲ《イクソー（ル）》』の名で放送され、大人気を博した。最近でも、大葉はフランスの「ジャパンエキスポ」などに招かれている。

『ギャバン』の好評を受けて、『宇宙刑事』は、東映特撮の新シリーズとなり、翌年の『シャリバン』、そして『シャイダー』の「宇宙刑事三部作」を形作る。そして、九〇年代に続く『メタルヒーローシリーズ』の礎を築いた。

340のみどころ《みしお》 24・0 名作には名曲——宇宙刑事の名曲たち

『宇宙刑事シリーズ』は名曲の宝庫だ。「男なんだろ?」で始まる『ギャバン』主題歌（山川啓介・作詞）が有名だが、イチオシは『シャリバン』エンディング「強さは愛だ」。不屈の精神を歌う歌詞が挫《くじ》けそうなとき背中を押してくれる。

挿入歌では、ギャバンを演じた大葉健二が歌う「父よ」も味わい深く、「青い地球は母の星」の完成度も見事。『シャリバン』には、小笠原猛《おがさわらたけし》監督と旧友という縁でゲスト出演した尾崎紀世彦が歌う「星空の街を歩こう」なる名作もある。

こおろぎ'73などが歌う『シャイダー』の挿入歌「銀河のはてまで」も、いい。大人になったときには争いのない幸せな地球を作る、と子供たちが誓う歌で、ヒーローと「約束」したようにまっすぐな生き方をしなくては、と思わされる。

受験最優先の流れに疑問を呈す

『宇宙刑事シリーズ』もまた、八〇年代という時代の世相を反映している。『ギャバン』第六話「魔空塾の天才たち」や『シャイダー』第一一話「アニーにおまかせ」では、敵組織が「天才教育を施す」という触れ込みで塾に子供たちを誘い込むが、裏には子供たちを悪のエリートにしようという企みがあったというストーリー。これらは「受験戦争」「受験地獄」の弊害が叫ばれていた八〇年代ならではのエピソードだろう。

過熱する受験戦争を緩和しようと文部省（現・文部科学省）は七九年に、マークシート式の「共通一次試験」を導入したが、かえってこれが偏差値による大学の序列化を生み、そうした序列化は高校、中学をも巻き込み、受験戦争を一層激化させてしまう。受験勉強の重圧から、二浪していた二〇歳《はたち》の若者が、両親を金属バットで殴り殺すというショッキングな事件まで起きたほどだ。

まさにこの時代に高校時代を過ごした筆者は、当時、敵組織の甘い言葉にだまされて子供たちを怪しげな「天才育成塾」に預けてしまう「教育ママ」の描写を、ごく当たり前のこととして受け止めていたのだが、改めて作品を見直してみると、当時とは全く違い、異世界の物語を見せられているような気持ちになった。暗記重視の詰め込み教育も受験地獄も、「ゆとり教育」を経た二一世紀の今見ると、八〇年代ならではの現象だったとわかる。「大学全入時代」とまで言われ、有名予備校が閉鎖に追い込まれていく、少子化の平成にあってはある種、遠い昔のファンタジーにすら見える「受験地獄」である。

コンピューターの奴隷になるな

　ギクッとさせられるような先見性のあるストーリーも少なくない。『シャリバン』第四話「マイコン指名手配」では、敵組織、宇宙犯罪組織マドーが高校生たちにマイコンを配り、試験問題と解答を事前に教えることで、コンピューターの便利さで人間を堕落させる計画を実行。学校から帰宅するやいなやマイコンを立ち上げ、画面に「数学の出題傾向」と打ち込み、マドーから送られてきた結果を丸暗記して、試験に臨む高校生たちの姿が描かれる。

　さらに、『シャイダー』第三六話「ユメコン狂時代だ」では敵組織、不思議界フーマが、家にいながら買い物ができたり、必要なら現金も借りられ、利子もほとんどかからなかったりという夢のコンピューター「ユメコン」を各家庭に配る。指一本動かせば座ったままですべて事足りる状態を作り出すことで、人間を堕落させようと企てたのだ。

　放送された八〇年代初頭は、パソコンが一般家庭でも買えるような手ごろな価格で市場に出回り始めた時代。でも、インターネットは、ようやく東京大学、東京工業大学、慶應義塾大学が実験的にコンピューターを電話回線で結んだ段階であり、その概念すら一般の人の頭の中にはなかった。八〇年代半ば、筆者は留学先の米国で最先端の研究をしている理系の大学院生に、インターネットが存在する未来を語られ、いったい何のことを話されているのか理解できなかった。インターネットも、そしてもちろんアマゾンも楽天も、夢のまた夢。電車内の大半の人がスマートフォンの画面にくぎ付けになる時代がくるなど、想像すらできなかった。

そんな時代にあって、「ググる」だけで勉強した気になっている高校生や、インターネットショッピング中毒になってパソコンの前を動こうとしない大人たちを描いて見せたこれらのエピソードの先見性には、ただただ驚かされる。

作中、宇宙刑事の活躍で敵の陰謀が阻止された後、ナレーションが入る。「コンピューター時代はもう到来しているのだ。（中略）機械の虜になるな。フーマの陰謀に気を付けろ」と。

まるで、八〇年代の宇宙刑事から、現代という時代への警告のメッセージのようにも聞こえる。

「地下鉄サリン事件」を予見か?

そのほかにも、未来を予見したようなエピソードは多い。

『シャリバン』第八話「泥の河は甦《よみが》える　カムバックサーモン」は、敵組織のマドーが工場からの猛毒廃棄物を不法投棄するエピソードだが、水質検査で発見されたのは、なんとダイオキシンだった。ここにダイオキシンを持ってきたのは、六〇〜七〇年代のべトナム戦争の枯葉剤《かれはざい》からの着想だろうが、九〇年代後半以降、日本各地で高濃度ダイオキシンが検出され社会問題となっていったことを思うと、示唆に富んでいる。同時に、マドーの幹部の「自分たちの命を脅かす、こんなものを開発するとは、地球人とは愚かなものでございます」という言葉が耳に痛い。

　オウム真理教の「地下鉄サリン事件」（九五年）を予言したようなエピソードもあった。『ギャバン』第二六話「人形は見た!! 毒ガス殺人部隊の正体」がそれである。毒ガス集団、ドリームバードがアジアで毒ガスを散布し、無差別に人々を惨殺する。ドリームバードは、大学教授に化けたマクー怪人ガスダブラーが、純粋な大学生を「君はね、人類進歩のために役立つエリートの一人や」と言って誘い込み、ヘッドフォンに電子機器をつないだ装置（！）で洗脳し、毒ガス散布部隊に仕立て上げていたのだった。

　妹の手術代のためにドリームバードに参加した青年は、良心が捨てきれず、主人公の一条寺烈をかばって殺されてしまう。ラストシーンで、烈は手術を終えた妹に会うが、彼女に兄の死を伝えられず、兄は「長い旅になるって言っていた」と告げるのみ、というやりきれないラストシーンとなっている。

　九五年に日本中を震撼《しんかん》させる「地下鉄サリン事件」を起こすことになる麻原彰晃こと松本智津夫が、オウム真理教の前身となるオウム神仙の会を結成したのは、『宇宙刑事シリーズ』放送の最中の八四年二月だった。九五年のインターネット元年に向けパソコンが普及し始め、カセットテープやドーナツ盤のレコードに代わりコンパクトディスク（ＣＤ）が発売された八〇年代。八三年には東北大学が体外受精児の誕生に初めて成功する。物質的に満たされ、今までにないほど急速に科学が進歩していく中、どこかとらえようのない不安を抱えた人たちの心の隙間に、怪しい者たちがすっと入ってしまう。そんな時代の不安な空気を、作り手たちは敏感に感じ取っていたのではないだろうか。

敵は「心」を標的に

時代はバブルのお祭り騒ぎに向かって一直線に急な坂を上っていく。七九年には社会学者エズラ・ヴォーゲルの著書『ジャパンアズナンバーワン』（ＴＢＳブリタニカ）が出版されたが、前述したように、筆者も含め日本全体がこの時期にはまだ、二一世紀の今のような傲慢《ごうまん》さにも似た絶対的な「自信」を持つには至っていなかった。むしろ同じ年にヨーロッパ共同体（ＥＣ）がまとめた「対日経済戦略報告書」の中で「日本はウサギ小屋に住む仕事中毒者の国」と指摘されたことの方に、図星を指された思いがあり、「国際社会の中ではまだまだな日本」という感の方が強かった。そして、そうした思いとは裏腹に急速に変わっていく「坂道」の景色に、漠然とした不安を抱えていたのがこの頃だった。

不安な時代の空気を読んだかのように、宇宙刑事の敵は、一見、回りくどいようにも見える、「心」を狙う作戦に出る。

ギャバンの敵、マクーのジャアクダブラーは学校の校長に化け、子供たちに邪悪教育を施し、争いの絶えない世界を作ろうとする。記憶を操作して悪事を働かせようとしたこともあるし、魔性の香りで少女たちを獣にしたこともあった。

シャリバンの敵、マドーは怪人オカリナビーストを映画『未知との遭遇』（日本での公開は七八年）ばりに友好的な宇宙人に仕立て上げ、地球人から警戒心を失わせて地球を無血占領しようという「マイフレンド作戦」を取りもした。母親たちを洗脳して家族を顧みないようにし、家庭崩壊をもくろんだこともある。

心を狙う作戦は、シャイダーの敵、不思議界フーマが妖しいメロディーの挿入歌「不思議ソング」を得たことで一段とパワーアップする。第一話で不思議ソングに心を操られた少年たちは、それまでの礼儀正しい態度からがらりと変わり、突然シャイダーらに石を投げつける。不思議ソングは人々を争いに誘う災いの歌であり、第二〇話「不思議ソング」ではこの歌に首相までが「感染」してしまい、国際会議で大乱闘が起きるさまが描かれた。「刷り込み現象」で珍獣を親や子だと信じてしまう光線を浴びせかける作戦や、子供たちを洗脳して、いじめを行わせもした。

不安感を煽《あお》るという意味では、『愛の戦士レインボーマン』の「死ね死ね団のテーマ」と双璧をなすこの「不思議ソング」は、シリーズの音楽を手掛けた渡辺宙明《わたなべちゅうめい》の作。

しかも、ポータブルのシンセサイザーで伴奏し、渡辺が歌ったデモテープがそのまま採用された（『宇宙刑事大全』安藤幹夫&スタジオ・ハード編　双葉社　二〇〇〇年）。その未完成なところが、一層不安感を煽るというまさに「不思議な」効果を醸し出している。

340の見所《みしお》25・0 神回の中の神回――号泣必至の「再会」

胸アツの展開なのが、『宇宙刑事ギャバン』最終回一本前の第四三話「再会」。ギャバン、一条寺烈（大葉健二・演）は、マクーに捕らわれた生き別れの父、ボイサー（千葉真一・演）との再会を果たす。敵基地に乗り込み、牢《ろう》の鉄格子越しに手を握る二人。流れる「青い地球は母の星」のオルゴールの音に、まず泣く。

やっと再会した父は、間もなく烈の前で息を引き取る。烈の涙と、マクーが狙う設計図がボイサーの肌に描かれていて、体温がなくなると浮き出る仕掛けだったため拷問に耐えて生き続けたという話に、また落涙。

そして、烈が夕陽の海でボイサーの遺志を継ぐことを誓う場面で大葉が歌う「父よ」が流れ、号泣。初見時はテーブルに涙の海ができた。必見の「神回」だ。

「心」を狙う敵に、ヒーローは「心」で挑む

敵が狙うのが「心」なら、救わねばならないのも人の「心」だ。

その使命を端的に表しているのは、『シャリバン』の第一三話「強さは愛だ 英雄たちの旅立ち」で、主人公＝シャリバンこと伊賀電《いがでん》に上司として指示を出すギャバン隊長の言葉だろう。

貧しさゆえに、ガンを患《わずら》った母親に満足な治療を施せないまま、みとらざるを得なかった若者が、ボクシングのチャンピオンとなって貧しい人のための病院を建てようという夢を描く。その若者にマドーは特殊なグローブを与え、勝ち進ませる。彼を皮切りに、様々なスポーツ選手に超人的な力を与えることで、堕落させようと狙うのだ。初心を失い、すっかり悪魔に魂を売ってしまった若者についての報告を受けたギャバンは、「教えてやる必要がある。本当の強さは優しさなんだ、愛なんだってことをな」と話し、肉体的に彼を救うだけではなく、彼の心を救わないと解決にはならないと電を諭す。これを受けて電は若者に挑んでいく。殴られても殴られても挑みかかり、最後は渾身《こんしん》の一発が決まり「君は決して強くない、強くなんかないいんだ」という電の叫びが若者を改心させる。

新たなヒーローは何を救おうとしたのか

月光仮面は貧しい時代の少年たちに救いの手を差し伸べ、高度経済成長期の仮面ライダーは、私たちの自由を奪おうとするショッカーと戦った。安定成長期と言われながら、人心は不安定でアンバランスに見える八〇年代、「ヒーロー冬の時代」に咲いた一輪の花のような『宇宙刑事シリーズ』が戦おうとした相手は、人の心の不安だったのではないだろうか。間もなくバブルの狂乱を迎える時代に、人々は心に平手打ちを食らわしてくれるような、「目を覚ませ」と言ってくれるヒーローを本能的に求めていたのかもしれない。

「心を救う」ヒーローの系譜は、九〇年代の『メタルヒーローシリーズ』、『特警ウインスペクター』(九〇年)、『特救指令ソルブレイン』(九一年)、『特捜エクシードラフト』(九二年)の『レスキューポリスシリーズ』へとつながっていく。

第一〇章

ヒーローたちの応援歌

「ヒーローたちの応援歌」、特ソン

勇敢に悪に立ち向かう特撮ヒーローたち。だが、心身ともに鍛えぬいた彼らだって、敵に負けを喫すときもあれば、孤独な戦いに涙する夜もある。そんな彼らにエールを送るのが、番組の主題歌だ。一九五八年、ブラウン管の中に哀調のメロディーとともに月光仮面が姿を現して以来、星の数ほどの特撮ソング（特ソン）が作られ、子供たちに口ずさまれてきた。文字通り、ヒーローたちの「応援歌」である特撮ソングに注目してみよう。

「ブロロロ ロー、ルロルロロ」

特撮ソングの大きな特徴の一つは、冒頭から謎の擬音を連発し、勢いで押しまくってくる歌が目立つことだ。特に七〇年代の主題歌には、この「擬音系」が多い。約四〇年の時を経て、今やこれらの歌はすでに「スタンダードナンバー」になっているから不自然さを感じないだけで、改めて歌詞カードを見ながら聞いてみると、何が何だかわからない擬音のオンパレードである。

擬音系の代表格は、『超人バロム・1』オープニング主題歌の「ぼくらのバロム・1」だろう。「ブロロロ ロー」や「ルロルロロ」やら、歌詞の約半分はこんな音で構成されている。ワンフレーズ普通の言葉があったかと思うと、次のフレーズはこうした擬音という作りであり、「ブロロロ ロー」や「ルロルロロ」を外しても歌詞としての意味は通じる、というか、外さないと意味がわからない歌なのだ。「ルロロロロ」はドルゲが登場するときの声なので、「ルロルロロ」は、まだ歌われている意味がわからないではないのだが、その他の擬音は意味不明である。

これらは原作のさいとう・たかをの劇画に描かれている言葉なのだという。歌の作詞者は八手三郎で当時は東映プロデューサー、平山亨のペンネームだった。平山はさいとうの劇画の「音響の映像化」を「天才的工夫」と語っている。後にアメリカンコミックスでは、マスをはみ出る擬音の表現がお馴染《なじ》みになるが、さいとうはそのはるか前から紙の上に「音」を表現していた。そして、それをそのまま歌に取り入れたというわけ。

もっとも、平山は「（作曲家の）菊池俊輔《きくちしゅんすけ》さんも困ったそうだが、歌う水木一郎くんも歌いようがない」と困惑していたと、著書の中でこの主題歌のことを振り返っている（『東映ヒーロー名人列伝』風塵社《ふうじんしゃ》　一九九九年）。

ヒーロー作品の挿入歌では、『超人バロム・1』の前年、『帰ってきたウルトラマン』の中に、「ワンダバ」のコーラスだけで構成される地球防衛チーム、ＭＡＴのテーマが登場していたが、歌詞として、擬音がこれほど並んだのは、おそらく主題歌としては『超人バロム・1』が初めてであろう。水木も「初めてあの歌詞を見たときには（どう感情移入して歌ったらいいのか）とまどった」とよく話している。

以後、擬音系の主題歌は増殖していく。

同じ年に放送された『サンダーマスク』の「サンダーマスク」（佐田一美・作詞）になると、いきなり「ババン　バリバリ」で始まるのである。そのうえ、歌の後半は「サンダー」を叫びっぱなしで、勢いだけで振り切られる感じだ。「サンダー」はともかく、「バリバリ」は、いったい何なのか。雷＝サンダーの音を表現しているのかもしれないが、あまりカッコいいとは思えない。それでも、それが成立してしまうのが、特撮ソングという分野である。

『超人バロム・1』と同じく水木が歌う『白獅子仮面』の「白獅子仮面の歌」（大和すすむ・作詞）は「カッチンカチャリコ　ズンバラリン」から始まるし、ささきいさおが歌う『秘密戦隊ゴレンジャー』のエンディング「秘密戦隊ゴレンジャー」（八手三郎・作詞）は「バンバラバンバンバン」であった。「バンバラバンバンバン」は作詞段階では存在しておらず、作曲の渡辺宙明が後から付け加えたものだという。

どれも、意味不明といったら意味不明なのだが、逆にこれらの擬音がない歌を想像してみると、勢いも特徴もなくなってしまう。一度聴いたら忘れられない印象的な擬音の繰り返しこそが、子供たちの頭に歌を刷り込み、日本中で合唱されるような特撮ソングを作り上げたと言える。

作品世界への案内役

七〇～八〇年代の主題歌は、どれも現代のそれと比べて短い。これは他の分野の、たとえば歌謡曲などでも同じ傾向を示しているのだが、特撮ソングの場合、子供にわかりやすく、ということもあってか、テレビサイズだと一分あるかないかで終わってしまう。しかし、その短い歌の中で、番組の内容がきっちり説明されていることには、驚かされる。イメージだけでなく、どんな物語かが、歌を聴いただけでわかる歌詞のものが多いのだ。

『スペクトルマン』のオープニング「スペクトルマン・ゴーゴー」は、「ゴーゴー」を何回も発しながら、わずか三行の歌詞で、スペクトルマンが何者で、どこから何のためにやってきたのかを、さらりと説明してのける。前期エンディングの「宇宙猿人ゴリなのだ」は敵のゴリとラーの素性を説明しており、主題歌とエンディングが、しっかり番組の「顔」として機能している。同様のことは、『愛の戦士レインボーマン』で川内康範が手掛けた「インドの山奥で」から始まる大ヒット主題歌についても言える。

その意味では、石ノ森章太郎が書く歌詞は秀逸だ。『人造人間キカイダー』主題歌の

「ゴーゴー・キカイダー」も『アクマイザー3』主題歌の「勝利だ!アクマイザー3」も、歌を聴く一分程度の時間で、すぐに作品世界を理解することができる。「迫るショッカー」から始まる『仮面ライダー』の「レッツゴー!! ライダーキック」(石森章太郎〈当時〉・作詞)に至っては、敵と味方の対立関係や技の名前をしっかり盛り込んでいるだけでなく、冒頭に「迫るショッカー」と倒置法のフレーズを使ったことで、国民的特撮ソングと呼べるほど、日本人の頭に刷り込まれる歌となった。

説明的という点では、『快傑ライオン丸』の挿入歌「ライオン丸のバラード・ロック」(しのだとみお・作詞)も外せない。「バラード・ロック」という概念を持ち込んだところも驚きだが、「きのうお師匠様が死んだ」で始まる歌詞も衝撃的。映像を見ているような歌詞の展開の仕方で、見事な挿入歌なのである。

もちろん、こうした歌が「わかる」のは、歌手が歌詞を大切に歌っているからこそ。歌詞カードがなくても、たいがいの歌詞が聞き取れるのも特撮ソングの特徴である。

340《みしお》のみどころ 26・0 神曲に震える ――「伝説」が歌い上げるもの

「伝説」は『戦隊シリーズ』三〇作記念オリジナルビデオ作品『轟轟戦隊ボウケンジャーVSスーパー戦隊』のエンディング主題歌だ。作詞は會川昇《あいかわしょう》、作曲は東映特撮の音楽シーンを牽引してきた渡辺宙明、歌うのは串田アキラ、ＭｏＪｏ、宮内タカユキの、通称「魂の三兄弟」だ。

明るいマーチのリズムに乗って、『ゴレンジャー』から『ボウケンジャー』までの戦いの歴史が歌い上げられる。

どこをとっても胸が熱くなる歌詞だが、中でも二番の、たとえ倒れても仲間の手は離さない、との内容がいい。彼らのライブでは、ここで三人が手を重ねる。二〇一一年暮れ、宮内が病に倒れ、奇跡の復活を遂げてからは一層、歌詞が沁《し》みてくる。『戦隊』を未来につなげていこうと謳う歌詞に共感する一曲だ。

二大ヒーロー、「音楽の方向性の違い」

ところで、『ライダーシリーズ』と、巨大ヒーローの『ウルトラシリーズ』とでは、実は主題歌の傾向も全く違う。

東京オリンピックの余韻が残る六六年、右肩上がりの経済成長の希望の光の中で誕生した『ウルトラシリーズ』の主題歌は、どれも明るいメジャーのメロディーだ。特に『ウルトラマン』の主題歌「ウルトラマンの歌」（東京一・作詞）には「自慢のジェット」や「百万ワットの輝き」など前向きの言葉が並び、歌全体が、未来に向かって胸を張っている印象すらある。『帰ってきたウルトラマン』でも、歌詞の内容は町が燃えていたり、とどろく叫びが聞こえたりと、不穏なのだが、曲調は明るい。『ウルトラマン

A』や『ウルトラマンタロウ』の場合、歌い出しこそマイナーのメロディーだけれど、結局は転調して明るいマーチのリズムになだれ込んでいく。『ウルトラ』のオープニング主題歌でマイナー調というのは、オイルショック後の七四年に登場した『ウルトラマンレオ』初期オープニング「ウルトラマンレオ」くらいではないか。ちなみに、「金の巨人」の『マグマ大使』の主題歌も、底抜けに明るい。

これに対して、昭和の『ライダーシリーズ』の主題歌は、一貫してマイナー調だ。歌詞では、マシンが輝いても、力の限り敵にぶち当たろうとも、管楽器がむせび泣くように物悲しい哀調のメロディーを奏でる。昭和に放送された『ライダーシリーズ』のオープニング、エンディングを合わせて、曲調がメジャーだったのは、『仮面ライダーV3』の「少年仮面ライダー隊の歌」と『スカイライダー』後期エンディングの「輝け！8人ライダー」、『仮面ライダースーパー1』の「ジュニアライダー隊の歌」の三曲しかない。

極め付きは、『仮面ライダー』後期エンディングの「ロンリー仮面ライダー」だ。プロデューサーの平山が「田中守」名義で作詞をし、ほかのすべての楽曲と同じく、菊池俊輔が作曲したこの曲は、仮面ライダーが悲しみに耐えて戦う姿を歌ったもの。『仮面ライダー』の作品世界を最もよく表している歌とも言われ、関係者の間でも人気が高い。東映生田スタジオ所長だった内田有作も、カラオケでよくこの歌を歌っていた。

こうしたマイナーなメロディーラインは、高度経済成長のひずみが噴出していた時代ならではのものだったのだろうか。仮面ライダーに限らず、「泣きながら戦っていた」石ノ森ヒーローたちの主題歌は、作曲者が異なっても、マイナー調のものが多い。

余談になるが、こうした曲調の違いから、九三年にビデオ作品『スーパーバトル　ウルトラマンVS仮面ライダー』（バンダイビジュアル）が作られたときの調整は大変だったと伝え聞いたことがある。両者のBGMに対する嗜好《しこう》が、かたやメジャー、かたやマイナーと見事に分かれており、とても妥協点が見出せる状況ではなかったのだ。結局それぞれのヒーローにはそれぞれの音楽を当てたのだが、ウルトラ側には「こんな暗い曲で戦えるか」という思いがあり、ライダー側は「こんなちゃらちゃらした曲で戦えるか」という気持ちが充満していたのだそうだ。

時代が平成に移ってからも、『ウルトラシリーズ』のメジャー調の主題歌は一貫して変わらない。一方、『ライダーシリーズ』の方は、メジャーあり、マイナーあり、素人には歌えないようなリズムの歌あり、と、千変万化を遂げている。

特ソンはメッセージソング

特撮ソングの魅力は、擬音による勢いのよさや、わかりやすさだけではない。最大の魅力は、ストレートに作品のテーマを歌い上げていることだ。メッセージ性が高いとも言える。

面白いもので、メッセージ性の高い主題歌が増えてきたのは、擬音系と入れ替わるように、七〇年代末期からなのだ。七七年に、小学生が変身するという設定で人気を集めた『小さなスーパーマン　ガンバロン』の主題歌「ガンバロン'77」（千家和也《せんけかずや》・作詞）は、普通にヒーローものらしく、ヒーロー名を連呼した後、一番の最後の最後に「男の子なら正しく強く」という作り手の願いのような歌詞を忍び込ませている。この主題歌は、作曲を「ガンダーラ」や「モンキーマジック」が大ヒットする直前の、ゴダイゴのミッキー吉野が手掛けていることもあり、曲調も時代を先取りしている。

八〇年代になると、メッセージ性の強い楽曲は、さらに増える。高度経済成長という祭りの後の「迷いの季節」が、強いメッセージを求めたということかもしれない。『宇宙刑事ギャバン』主題歌「宇宙刑事ギャバン」では子供たちに名もない花を踏みつけないような男になろうと語りかけ（二番の歌詞）、『宇宙刑事シャリバン』のエンディング「強さは愛だ」では「倒れたら　立ち上がり　前よりも　強くなれ」と、ヒーローソング史上に残る名文句を歌い上げる。この歌は、タイトルからして「強さは愛だ」と、直球勝負だ。どちらも、作詞はヒーローソングの佳作を多数手がけた山川啓介で、作曲はアニソン&特ソン界の重鎮、渡辺宙明である。歌唱は、R&B（リズム・アンド・ブルース）シンガーから『太陽戦隊サンバルカン』で特撮シンガーに転じた串田アキラ。

串田は「富士サファリパーク」のCMソングを歌っていることでも有名だ。『ウルトラシリーズ』にしても、もはや胸を張っているだけではない。『ウルトラマン80』が、子供たちに勇気を持っているかどうかを問いかければ、九〇年代の『ウルトラマンガイア』（九八年）主題歌「ウルトラマンガイア！」（康珍化《カンチンファ》・作詞）は、ウルトラマンでない自分でも、限界まで頑張って「ここから一歩もさがらない」と決意を表明する。

中でも、究極のメッセージソングは、八七年の『超人機メタルダー』で、ささきいさおが歌った「君の青春は輝いているか」だろう。オープニング主題歌なのに、ヒーローの名前も技の名前も、敵組織の名前も、何一つ出てこない。ひたすら、聞き手に対して、自分に恥じない生き方をしているかどうかを問い詰める異色すぎる歌で、ささき本人も「説教みたいな歌」と語っている。人気曲ではあるが、初めて聴いたときの衝撃は激しかった。ちなみに、水木一郎の歌うエンディング「タイムリミット」もキャラクター名などを一切排除した歌となっている。この一風変わったオープニングとエンディング主題歌は、作詞がシナリオライターのジェームス三木、作曲が、テレサ・テンの「愛人」などで知られる三木たかしという、珍しい顔ぶれによって作られた。三木たかしは、この翌年、やなせたかし作詞の名曲「アンパンマンのマーチ」も作っている。

こうした主題歌に込められたメッセージの数々は、ストレートで単純明快。そして、正論すぎて、いささか青臭くすら感じるほどだ。普通のドラマの主題歌だったら、理想主義的すぎて、逆にちょっとしらけた気持ちになることだろう。

それでも、ヒーローが正義を説く、特撮ドラマの世界の中では、歌は違和感なくすっと心に入ってくる。そのときはわからなくても、大人になって挫折したり、大きな壁に行く手を遮られたりしたときに、歌詞が突然よみがえってきて、はっとさせられたり、元気が出たりすることも多い。特撮ソングは、そんな「勇気と元気の種」を子供たちの心に、蒔いてきたのである。

アニソンから特ソンへ

今や、特撮ソングは、アニメソング（アニソン）と並び、日本だけでなく世界各地で大人気だ。そして、アニソン歌手たちは、特撮ソングとも深い関わりを持ってきた。

名実ともに日本を代表するアニソン歌手である水木一郎は、アニメ『原始少年リュウ』主題歌でアニソンデビューした後、後楽園ゆうえんちなどの「仮面ライダーショー」で、歌を歌ったり司会をしたり、いわゆる「ショーのお兄さん」をしていた。自身の代表曲である「マジンガーZ」が大ヒットする前後のことだ。ここで子供たちの反応を学んだことが、その後、アニソンを歌ううえで大変役立ったとよく口にする。そして、水木自身もその後、『仮面ライダーV3』のエンディング「少年仮面ライダー隊の歌」

に始まり、『仮面ライダーX』や『仮面ライダーストロンガー』、『スカイライダー』主題歌など、ライダーソングを数多く歌ってきた。『ロボット刑事』や『快傑ズバット』『時空戦士スピルバン』など、ライダー以外の特撮の代表曲も多い。「アニソン生まれ」かもしれないが、「特撮ソング育ち」と言っても過言ではないのだ。

アニソン、特ソン界のヒットメーカーとして知られる高取《たかとり》ヒデアキも、ロックバンドのボーカルとしてデビューした後、アニソンに活動の場を移し、二〇〇二年の『忍風戦隊ハリケンジャー』から特撮に携わるようになった。最近は自身が率いるバンド、Z旗《ゼットき》での特ソンへの参加も目立つ。

特撮ソングが人生に大きな影響を及ぼしたという点では、世界的に活躍するJAM Projectのリーダー、影山ヒロノブもその一人だ。

一六歳でロックバンド、LAZY《レイジー》のボーカルとしてデビューした影山は、二〇歳でLAZYが解散した後、なかなかヒット曲に恵まれない不遇の時代を送っていたことがある。音楽での年収がなんと七万円しかなかったという時代の影山を救ったのは特撮ソングだった。

八五年に「KAGE」名義で『電撃戦隊チェンジマン』の主題歌を歌い、これがヒット。特撮ソングで復活を果たした影山は、『ドラゴンボールZ』主題歌などで大ヒットを飛ばし、アニソンシンガーとしての地歩を固めていく。九一年の『鳥人戦隊ジェットマン』では「ゴールドディスク賞」も受賞した。つまり、特撮ソングとの出会いがなかったら、「CHA-LA　HEAD-CHA-LA」(『ドラゴンボールZ』主題歌)もJAMもなかったかもしれないのだ。

こうしてみてくると、特撮ソングが日本の音楽シーンに少なからぬ影響を及ぼしたことがわかる。

340《みしお》のみどころ 27・0 激励の歌「特ソン」——心が折れそうな時に聴く特ソン

本文で紹介した「ウルトラマンガイア!」と「君の青春は輝いているか」は、元気が出る特ソンの筆頭だ。名曲揃《ぞろ》いの中から、さらに、心が折れそうなときに聴く歌をあげるなら……。まず、水木一郎の「はるかなる愛にかけて」。『スカイライダー』のエンディングのこの歌を、東日本大震災のとき、被災地に赴く救援隊の姿に重ねた人も多いと聞く。こちらの覚悟を静かに尋ねてくる一曲だ。

次に、石原慎一が歌う「救急戦隊ゴーゴーファイブ」。助けに行くから信じて待てという内容の歌詞は、震災を経た今、胸に響く。TALIZMANが歌う「ウルトラマン80」も心に刺さる。特に二番の、泣くな、くじけるな、という趣旨の歌詞には励まされてきた。折れた心を再び立ち上がらせてくれるのが特ソンだ。

アニソンにはなく、特ソンだけにあるもの

広義に、特撮ソングをジャンルとしてのアニメソングに含めることに、異議はない。擬音やメッセージ性といった歌の特徴の面でも、両者はよく似ている。

ただ、もしアニソンになくて特ソンにあるものをあげるとすれば、それは特撮ドラマを構成する要素のうち、唯一、時を経ても変わらないのが歌である、ということではないか。アニメの場合、描かれたキャラクターは年を取らない。しかし、特撮ヒーローを演じた俳優は、当たり前だが、皆、必ず年を取る。昔と同じヒーローを同じように演じることは、不可能になっていく。DVDの中のヒーローは若くても、演じた俳優は、良くも悪くも、あの頃とは違う姿になっているからだ。引退してしまう役者もいる。

そんな中、歌だけは、変わらない。

特ソンライブで拳を突き上げているときは、誰もがあの頃と同じ感動を味わうことができる。ファンも幸せだが、そうして長く愛される歌にとっても幸せな、両者の関係だろう。もちろんこれは、特ソン歌手の、声を衰えさせない、たぐいまれな努力の賜物《たまもの》であることは間違いない。

特撮ソングの人気は高く、毎年秋に行われている『戦隊』ソングのライブ「スーパー

戦隊〝魂《スピリッツ》〟」は、当初の隔年開催から毎年開催へ、さらに最近は「21世紀編」と「20世紀編」などと分けた二日間開催へと拡大している。

海外でも、ブラジルでは影山の歌う『チェンジマン』主題歌をブラジル人が一緒に日本語で口ずさむ。串田はブラジルの空港で職員に囲まれ、『世界忍者戦ジライヤ』の主題歌を合唱した経験を持つ。水木が二〇一五年二月から三月にかけ、国際交流基金の招きで訪れ、ライブを行ったコスタリカでは、客から「バロム・1を歌って」とリクエストが飛んだという。

特ソンで広がれ、ヒーローたちの願い

ウルトラマンAは最終回「明日のエースは君だ！」で「どこの国の人たちとも友達になろうとする気持ちを失わないでくれ」と言い残して故郷である宇宙に去った。仮面ライダースーパー1、沖一也（高杉俊介《たかすぎしゅんすけ》〈現・高杉俊介〉・演）は最終回「地球よさらば！ 一也 宇宙への旅立ち!!」で「正義を愛し、悪を憎むジュニアライダー隊の心を地球の上に広げるんだ」と語りかけて、宇宙開発のために旅立っていった。

まだまだ、ヒーローたちの願いが叶《かな》う世界にはなっていない。国同士の紛争もあれば、宗教や文化の違いから争いが起きることもしばしばだ。それでも、世界の人々と、同じ特撮ソングを同じ言葉で一緒に口ずさむたびに、筆者は、もしかしたら、そんなヒーロ

ーたちの願った世界に一歩近づいたのではないか、と、そんな思いにとらわれるのである。

第一一章

スーツアクターの矜持

ヒーローを「演じる」人たち

筆者が特撮ヒーローやアニソンのイベントを、新宿ロフトプラスワンなどで主催するようになって、一〇年以上たつ。主催イベントの中でも破格の人気なのが、『仮面ライダーBLACK』や『仮面ライダー電王』のキンタロスなどのスーツアクターを務めたジャパンアクションエンタープライズ（JAE、旧ジャパンアクションクラブ＝JAC）の岡元次郎にスポットを当てた「次郎祭」だ。「スーツアクター」とは、ヒーローや怪獣の着ぐるみ＝スーツの中に入ってアクションをしたり芝居をしたりする俳優のこと。顔は出ないから、特撮ファン以外で岡元次郎という名前を知る人はそう多くはないだろう。しかし、「次郎祭」は二〇〇七年の初回以来、毎回チケットが一分もかからずに完売する。普段あまり表に立つことがないことも手伝って、イベントの人気は凄まじいのだ。

アクションに個性光る

このスーツアクターというカタカナ語の仕事は、実は日本発祥のものだ。欧米にも古くから『キングコング』(一九三三年)などの特撮映画はあったが、着ぐるみに人が入るのではなく、怪獣の模型を少しずつ動かして撮影したものをつなげていく「ストップモーション・アニメ」という手法が取られていた。

世界で初めての「スーツアクション」は、一九五四年の映画『ゴジラ』から。それまでの特撮映画にはない滑らかな動きは、ゴジラの世界的ヒットの原動力となった。これ以後、日本ではヒーローや怪獣の中に人が入って演じる手法が定着していく。ゴジラを演じた中島春雄は、その後、『ウルトラマン』『ウルトラセブン』などでも怪獣を演じた。

対する主役、ウルトラマンを演じたのは、東宝ニューフェースの古谷敏《ふるやさとし》。アクションに長《た》けていたわけではないが、長身の古谷は研究を重ねて、現在につながるウルトラマン像を確立した。スペシウム光線のポーズなど、「体に型を覚えさせるため一日三〇〇回、練習していた」という(日本経済新聞　二〇一四年一月一日付)。古谷は『ウルトラセブン』ではアマギ隊員役を演じている。

一方、『ライダーシリーズ』を担当したのは、時代劇の殺陣を行うために大野幸太郎によって六四年に結成された大野剣友会だ。『柔道一直線』で、「地獄車」や「海老車《えびぐるま》」など、奇想天外な技を演じて見せたことがきっかけで『ライダーシリーズ』に携わることになった。殺陣師を務めたのは、当時まだ二十代だった高橋一俊(『仮面ライダー　昭和最強伝説』東映監修　双葉社　二〇一五年)。時代劇の立ち回りを思わせる重厚感あふれるアクションが特徴だ。

大野剣友会からは、仮面ライダーアマゾンや、アカレンジャーなど一四作もの『戦隊シリーズ』でレッドを務めた新堀和男が世に出た。新堀はアクション集団「レッド・エンタテインメント・デリヴァー（ＲＥＤ）」を率いている。現代表の岡田勝《おかだまさる》も殺陣師として、映像や舞台で活躍中だ。

初期の『ライダーシリーズ』でトランポリンアクションを担当していたのが、ジャパンアクションクラブ（ＪＡＣ）。世界で通用するアクション俳優を育てるために、七〇年に千葉真一が設立した。ＪＡＣはその後、『人造人間キカイダー』などを担当。八〇年代からは『戦隊シリーズ』と、『仮面ライダーＢＬＡＣＫ』以降の『ライダーシリーズ』を担当している。大野剣友会とは対照的に、アクロバティックで軽やかな動きを見せる。

誤解している人があまりに多い

筆者主催のイベントでのスーツアクター人気は、「次郎祭」に限ったことではない。戦隊のレッドを演じた俳優が集う「赤祭」でも、人気は、ＲＥＤ代表の新堀による歴代レッドの名乗りポーズだ。

だが、こうした話を特撮ファン以外の人にするたびに、いつもキョトンとした顔をされる。ヒーローの「中の人」がスター的な人気を集めているということが、理解できないらしい。

それどころか、「あれって体育大学とかのアルバイトが入ってるんじゃないの?」「誰が入っても同じでしょ?」という、筆者からすると無神経にもほどがある質問をぶつけられることも多い。「その人たち、普段は何している人たちなの?」と、聞かれることさえある。

そう聞かれるたびに、全身の血が逆流する思いである。知らないことに罪はないと思いつつも、腹が立つのを抑えられない。

ヒーローは、ちょっと動ければ誰にでもできるような安直な仕事ではない。全身のラインが出て、当然のことながら人間の顔より大きなサイズの面をかぶるわけだから、まず体型的に、入る人を選ぶ。特に近年は、変身前の俳優の選定と同じように、誰が中に入るかを選び、その人の体に合わせて採寸をしたスーツが作られるから、まさに余人をもって代えがたい仕事なのだ。

何より、面をつけて動くことは、素人にはほぼ不可能だ。以前、面をかぶらせてもらったことがあるが、音が聞こえず、周りからの指示が何も聞こえなかった。さらに、外界と遮断されることで、周囲のものとの距離感が全く取れなくなる。結果的に、怖くて怖くて、普通に歩くことすらままならなかった。ベテランアクターさんによると、視界の広さも、面によって特徴があり、まっすぐ前方しか見えないものもあれば、足元しか見えない位置にのぞき穴があり、前を見ようとすると顎が上がってしまうこともあるそうだ。いずれにしろ、どの面も視野が著しく狭いという点では共通している。

以前、ヒーローショーで一人のスーツアクターが怪我をしてしまい、次の部の公演に、ステージ経験のない新人が代理で入った現場に居合わせたことがあるが、素人と比べたら運動神経もよく、訓練も積んでいるはずのその新人は、舞台に出てきてポーズを取るのが精いっぱいであり、それ以上のことは何もできなかった。スーツがあれほど人の運動能力を縛ってしまうのだと知って驚いたものだ。

さらに、ヒーローによっては、スーツが重かったり固かったりして動きを妨げる。岡元が演じた『超光戦士シャンゼリオン』（九六年）のスーツのように、面とスーツを合わせると「一体一〇〇キロあるから他の人が着たら首の骨が折れる」と言われているような重い甲冑《かっちゅう》タイプのものもあるし、新堀が演じた『大鉄人17《ワンセブン》』ではロボット、ワンセブンのスーツが固い素材で、肩のあたりが固められているところを無理に動くため、一日が終わる頃には腕の付け根にあざができたという。『大鉄人17』は七七年の作品なので、時効だろうと思うが、そのロボットアクションのあまりのつらさに、撮影が長引いたときなど、新堀はわざと転んで頭部の飾りを折って、残りの撮影を翌日回しにしたこともあったという。

もちろん、暑い夏ともなれば、一日のアクションが終わると二キロ、三キロ痩せているのは当たり前。普通の人間なら、身に着けたら、棒立ちになっているのがやっとの面とスーツをつけて、アクションをするというのは、文字通り「超人」的なことなのだ。

340《みしお》のみどころ 28・0　本家を凌《しの》ぐアクション――見よ、これが日本ヒーローの実力だ

『スパイダーマン』なら、断然、東映が手掛けた日本版の勝ちだと思っている。CGがなかった一九七〇年代の体を張ったアクションは、今見ると「これを無料で見られるテレビで放送していたのか」と驚愕《きょうがく》する。

普通に歩くだけでも怖い足場の悪いビル建設現場を軽やかに駆け抜け、ビルの外壁を縦横無尽に這《は》い回る。主にロープと人力で撮られたというその画面に、いかに迫力があることか。新宿・歌舞伎町の町をスパイダーマンが腰を低くして走って行くのを隠し撮りしたような映像もあり、現実との地続き感も満点だ。

どの回も贅沢な作りだが、必見は第三八話「ブリキの一番星と少年探偵団」。思春期直前の少年たちの友情を信じて戦うスパイダーマンにほろりとさせられる。

決死の覚悟が生み出す迫力

画面の中では、ヒーローが高い崖やビルの屋上から飛び降りるのは、当たり前に見える。なぜなら、彼らはスーパーヒーローなのだから。でも、当たり前のことだが、中に入っているのは生身の人間だ。アクション専用のエアマットが導入されるようになった今でも、高いところから見ると、地上に大きく広げられたはずのマットは、飛び降りるにはものすごく小さく見えて、まずはその恐怖心と戦わなくてはならない。

あるいは、七〇年代の『仮面ライダー』のエンディングでは、「嵐とともに」(「仮面ライダーのうた」八手三郎・作詞)の歌とともに、コンクリートの柵《さく》の上で戦う戦闘員や怪人が仮面ライダーに一〇メートル近く下の水の中に投げ落とされていくが、戦闘員に入っていた大野剣友会の岡田ら数人は泳げなかったという。それでも殺陣師、高橋の「何かあったら助けるから」という言葉を信じて、全員がためらいもなく水に落ちている。

余談だが、このロケ地は、まだフジテレビもなければゆりかもめも通る遥《はる》か以前のお台場である。

大野剣友会といえば、仮面ライダーV3を演じた中屋敷鉄也が、命綱なしで五〇メートルの高さの煙突の上に立っている場面(第四話)も有名だ。

面は煙突の上に登ってからしか着けられないから、補助役の先輩と二人、高い煙突に登り、そこで面を装着して演技をした。煙突はもちろん中が空洞だから、足場は煙突の縁《ふち》になる。下から風が吹きあがり、ぐらぐらと揺れていて、つかめるものは避雷針だけ。おまけに、そんなバランスを取るのが難しい場所で、ポーズを取った後、ジャンプするシーンにつなげるために両腕を上げて飛び上がる格好まで求められたという（『仮面ライダーがエントツの上に立った日』奥中惇夫《おくなかあつお》著　筑摩書房　二〇〇四年）。

こんな激しいアクションが、映画ならいざ知らず、お茶の間のテレビで四〇年以上にわたって、普通のことのように流されている日本という国は、実はとんでもなくすごい国なのだ。

背中で見せた剣友会ライダー

スーツアクターのすごさは、ただ飛んだり跳ねたりする運動能力にだけあるのではない。一つ一つの動きにそのキャラクターの感情を込めて芝居をして、そのうえでアクションをするからすごいのだ。

語り草となっているのは『仮面ライダー』第九話「恐怖コブラ男」のラストで、変身したままのライダーが、犬の墓に花を手向ける場面だろう。演じたのは、大野剣友会の中村文弥。面をつけたヒーローが墓参りをするという、一歩間違えばギャグになってしまう場面を、新劇出身の中村は情感たっぷりに演じてみせた。

花を抱えて墓前に手を合わせるライダーの、「背中が泣いている」と、ファンの間で評される場面である。何度見ても、背筋がぞくっとする。

平山亨も、大野剣友会のアクションについて「敵を倒して、ダーンと爆発して着地する。着地したら必ずこちらを振り返るんだ。その振り返ったときのライダーの顔を見てごらんよ。泣いているんだよ」と語っていた。好戦的な勝利の喜びではなく、本来なら仲間であるはずの怪人を殺してしまった哀感がにじみ出ているのが、大野剣友会の殺陣だった。

こうした芝居こそが、面とタイツだけのヒーローに命を吹き込み、敵を殴る拳の痛みが伝わってくるような、仮面ライダーという孤高のヒーロー像を作り上げてきたのである。

主役「不在」でも映画は成立

『平成ライダーシリーズ』では、『仮面ライダー電王』(二〇〇七年)を見れば、スーツアクターの演技力なしには作品が成立しないことがよくわかるはずだ。

『電王』には、「イマジン」と呼ばれる、ライダーに憑依《ひょうい》して一緒に戦う異形の者たちが出てくるのだが、これを演じたのが、岡元をはじめとするＪＡＥのメンバーであった。

中心的なイマジン、モモタロスを演じた高岩成二《たかいわせいじ》は、「年に一回会う親戚のおじさん」(「『能』を凌ぐ!? 仮面ライダー電王『アクション俳優』の妙技」『読売ウイークリー』二〇〇七年八月一九日、二六日号)みたいなモモタロスを好演し、潜在的にあったスーツアクター人気を一気に爆発させた。モモタロスの面は、赤い般若《はんにゃ》のようなデザインだが、たとえば怒って眉を吊り上げるときには、顎でしゃくるように相手を見るような、顔の傾け方や向きで、感情を表現したという。日本の伝統文化である能を思わせる「技」である。

力士をイメージしたという岡元のキンタロスは重厚で、かつ熊のぬいぐるみのような愛らしさがあったし、永徳《えいとく》のウラタロスは、嫌味なくらいキザだった。おぐらとしひろのリュウタロスは落ち着きのない子供のような動きで、「愛されキャラ」となった。『仮面ライダー電王』は、爆発的な人気を獲得したため、数多くの続編が作られた。主役の電王に変身する野上良太郎を演じた佐藤 健《さとうたける》は四作目の映画からは出演しなくなったのだが、主役の不在をもってしても作品が問題なく成立してしまうほどに、イマジンの占めたポジションは大きかった。作品を成立させたのは、間違いなく、スーツアクターの「演じる力」である。

東映の等身大ヒーローだけではない。『ウルトラ』系の、『平成ウルトラシリーズ』のスーツアクターである和田三四郎や中村浩二、寺井大介ともイベントをともにしたが、彼らが光線技のポーズを取ると、新宿のさびれたライブハウスの片隅に、本当にテレビと同じ光線が放たれるのが見えるようで、驚かされたものだ。等身大と巨大ヒーローと、動きのコツや注意点は異なるが、アクションを交えてヒーローを「演じる」という点に変わりはない。

「誰が入っても同じ」どころではなく、スーツアクターというのは、演技力があり、さらに表情や動きを封じられた環境で芝居をしてみせる特殊技能を持った人たちなのである。

そもそも、ヒーロー作品の真の主役は、彼らスーツアクターともいえるのだ。子供たちが最初に「見たい」と思うのは、変身前の俳優ではなく、作品タイトルになっているキャラクターそのものなのだから。何百人のイケメン俳優を集めたところで、「変身後」を演じる人がいなければ、ヒーロー作品は作れはしない。

その呼び名は是か非か

ここで、「スーツアクター」という言葉について触れておきたい。着ぐるみを意味する「スーツ」という言葉と、俳優を意味する「アクター」とをくっつけたこの言葉は、完全な和製英語。アクション映画の本場、ハリウッドにはこのような言葉は存在せず、単にスタントマンと呼ぶか、アクターと呼ぶそうだ。

日本でも、初代『仮面ライダー』が作られた一九七〇年代にはスーツアクターという言葉はなくて、「絡み」などと呼ばれるにすぎなかった。言葉としてのスーツアクターが出てきたのは、大人の特撮ファンの存在がクローズアップされるようになる九〇年代半ばからだ。

しかし、一時、スーツアクターと称される人の一部が、この呼び方に異を唱えたことがあった。自分たちはあくまで俳優であって、それを「スーツアクター」という呼び方で仕事の幅を狭めて報じられるのは心外だ、というような主張だったように記憶している。関係者と話した際に、「だって、彼らも普通にドラマなどに出演していますからね。そして、普通のドラマだって役によって違う『スーツ』を着るけれど、それをいちいちスーツアクターとは言わないでしょう」と言われたこともある。

確かに、「俳優」に比べて、なんとなく一段下に固定されるような呼称への抵抗感はよくわかる。面をかぶっているだけで、前述の通り、そのキャラクターを演じている意味では「俳優」の仕事をしているのと変わらないことも確かだ。

ただ、特撮の記事を書いてきて思うのは、このスーツアクターという言葉はとてもわかりやすいということだ。「絡み」や「着ぐるみ」などという言葉よりは、ずっと字面からリスペクトが感じられるし、何より、たった七文字で、他の余計な説明をせずとも、その人の仕事を説明することができる。「着ぐるみに入って演技する」と書き込めば書き込むほど、余計、俳優という仕事からは遠い表現に見えてしまう。かといって「アクション俳優」と書くと、必ず変身前の役者のことと勘違いされる。リスペクトがあっても、的確に仕事内容を説明できないのが、「アクション俳優」や「スタントマン」という言葉である。

功罪で言ったら、功の方が多いのが、この和製英語「スーツアクター」だと筆者は思っている。

340《みしお》のみどころ 29・0 大人への道は色々 ——ライダーショーの思い出

我が家では、後楽園ゆうえんち（当時）の「仮面ライダーショー」に連れて行ってもらえなかった。遠ければあきらめもつくが、後楽園駅は筆者の通学経路にあった。当時、野外劇場は地下鉄丸ノ内線の線路沿いに位置し、車窓から舞台裏と観客席の一部が見えた。だから、下校時間がショーの時間に重なる土曜日、制服にランドセルの筆者は、背伸びして窓に額を押しつけ、少しでもライダーを見ようと必死だった。キラッと光ると「ライダー（の面）かも」と、ときめいた。

ところが、少し遅く下校したある日、窓に張り付く筆者の目に飛び込んできたのは、なんと舞台裏で昼寝をするおじさんと脇に置かれた怪人バラランガのスーツ。「あの人がバラランガ……？」。七歳の筆者が一つ大人になった瞬間だった。

変身前の役者の雰囲気まで再現

「戦隊ショー」が行われることで、ファンの聖地といわれる東京ドームシティアトラクションズ。ショーは、前身の後楽園ゆうえんち時代に、大野剣友会による野外劇場での「仮面ライダーショー」として始まった。ジェットコースターからヒーローが登場する派手な演出もあり、全盛期には一公演に四〇〇〇人もの観客を集める人気だった。

平成になって、ショーは屋外のスカイシアターを経て、屋内の劇場「シアターGロッソ」に移ったが、ヒーローを演じるのが、テレビでも『戦隊』や『ライダー』を担当しているJAEのスーツアクターたちだということは変わらない。大きな高低差のあるステージを巧みに使っての飛び降りや、天井からヒーローが下りてくる演出など本格的なアクションで、人気アトラクションとなっている。

まだショーが屋外のスカイシアターで上演されていた当時、変身前の役者が出演する特別公演「素顔の戦士ショー」が終わった後、孫を連れた高齢男性に「あれは、本当に俳優が変身したんですよねえ」と聞かれ、言葉に詰まったことがある。もちろん、男性とて、リアルに人間がヒーローに変身したかを聞いたのではなく、同じ人間が「変身前」と「変身後」の両方を演じているのかを聞いてきたわけだ。

舞台上の壁の後ろに俳優が引っ込んでからのほんの一瞬の間にヒーローの衣装に着替えることが不可能なことは理解したうえでなお、男性にそう聞かせてしまうほどに変身後のヒーローが本物に見えるシンクロ感が、スーツアクターの芝居にあったということだろう。大の大人に、そう言わせてしまうところに、このショーのすごさが、演じるアクターのすごさがある、と誇らしい気持ちになったものだ。

ショーの中身も、見た目が「スーパーヒーロー」だから、普通のこととして見ているけれど、飛び降りもジャンプも階段落ちも、実はすごいアクションが生で演じられているのだ。子供だましなどでは断じてない。ショーの本場アメリカだったら、こんな値段でこのクオリティーのショーを見ることは不可能だろう。

映画『イン・ザ・ヒーロー』（二〇一四年）の公開に先立つ宣伝で、唐沢寿明《からさわとしあき》が自分も『仮面ライダーシリーズ』のスーツアクターをやったと明かしたことで、ヒーローを演じる「中の人」にも、少しは世間の関心が集まったように思う。

最近の『仮面ライダー』の映画では、どのヒーローを誰が演じたかのスーツアクター名もクレジットされるようになった。遅ればせながら、スーツアクターに対する正当な評価がなされるようになってきたのだ。

子供の前であえて面をとる必要がないのは当たり前だ。だが、子供たちもやがて大人になれば、「中の人」がいることは容易に理解できるようになる。そんな大人向けに、ヒーローを演じる彼らにもっと光があたるようになってほしい。真の主役は彼らなのだから。

早く「中身なんて誰がやっても同じでしょ」との発言を聞くことのない世の中にしなくてはいけない。その一助に筆者主催のイベントがなれば、と思っている。

第一二章

平成の時代、
ヒーローたちは……

平成のヒーローたち

平成の今も、ヒーローの戦いは続いている。二〇一九年三月の時点で放送されているのは、『仮面ライダージオウ』、そして『スーパー戦隊シリーズ』第四三作の『騎士竜戦隊リュウソウジャー』そして『ウルトラマンニュージェネレーションクロニクル』だ。ほかに、深夜枠で『牙狼〈GARO〉』シリーズもアニメ化されたり休止期間をはさんだりしながら続いているが、本書では主に子供向けのヒーロー作品の話をするので、ここでは扱わない。

『ウルトラ』も『ライダー』も、何度もの休止期間を経て、二一世紀の今にたどり着いた。テレビのレギュラー番組としての『平成ウルトラシリーズ』の復活は一九九六年。『平成ライダーシリーズ』は、二〇〇〇年に新たなスタートを切った。一五年に四〇周年を迎えた『戦隊シリーズ』に至っては親子二世代を通り越し、そろそろ三世代ヒーローとなりつつある。

いずれの作品も一九九五年に「Ｗｉｎｄｏｗｓ 95」が発売され、インターネットが一瀉千里《いっしゃせんり》に普及し始めるという時代の波に乗り、子供だけでなく大人ファンを巻き込み、進化してきた。潜在的に存在していた大人ファンを連帯させ、イベントやグッズの購買に向かわせたという点でネットが果たした役割は極めて大きいだろう。

女性ファンの流入が目立つことで、イケメン俳優人気が特撮ブームの理由であるとの分析をするメディアも多い。もちろん、それも一つの要因ではあろう。

しかし、考えてみてほしい。昭和においても、ヒーローを演じた俳優たちは十分「イケメン」だった。でも、当時のお母さんたちが、『月光仮面』の祝十郎にキャーキャー言ったり、『ウルトラセブン』のモロボシ・ダンにはまってウルトラアイを買ったり、『仮面ライダー』の本郷猛役の藤岡弘の追っかけをしたり、ということはありえなかった。やはり、同好の士を連帯させたインターネットの出現が大きかったと筆者は思う。インターネットが支えたのは、世界各地の民主化運動だけではなかったのである。

映画界に貢献する平成ヒーロー

だが、平成の時代で戦う三大ヒーローを取り囲む環境に目をやると、そこには荒野が広がっている。

まず、これだけの歴史を持ち、これだけの人気を集めながら、その「地位」は一向に上がらないままだ。一九六〇年代の特撮ヒーロー草創期のような公然たる「ジャリ番」呼ばわりこそなくなったものの、ドラマとして市民権を得たかと言えば、まだまだである。

たとえば、『ライダーシリーズ』も『戦隊シリーズ』も、映画はヒットする。現在はともかく、数年前までは圧倒的な観客動員数を誇った。「東映がピンチのときはライダーや戦隊が助けにきてくれる」という発言が東映幹部から飛び出すほどだった。

それでも、一般紙の映画評に取り上げられることもなければ、日本アカデミー賞にノミネートされることもない。映画『スパイダーマン』や『バットマン』が本家のアカデミー賞にノミネートされたり、部門賞を受賞したりしているのとは対照的だ。評価されないどころか、評価のための入り口に立つことすらできていない。賞としては、SF作品を対象とする文学賞である「星雲賞」の「メディア部門賞」を『ウルトラマンティガ』(一九九八年受賞)、『仮面ライダークウガ』(二〇〇一年受賞)、『特捜戦隊デカレンジャー』(二〇〇六年受賞)が受賞したくらいではないか。

別に賞を取ってほしいわけではないが、これだけ長年にわたり、映像界に貢献しながら、ドラマ扱い、映画扱いされないのは不当な扱いだと思う。アニメが大人の鑑賞に堪えうる総合芸術としての地位を確立し、二〇〇七年からは本家アカデミー賞並みに日本アカデミー賞にもアニメ部門が設けられているのを見るとき、余計くやしさがこみ上げる。まだまだ、特撮は「子供とマニアのもの」「所詮イケメンによる一過性の人気にすぎない」という偏見があるような気がしてならない。

340《みしお》のみどころ 30・0 激熱クライマックス――涙よ、にじむな！

最終回まで一〇話近くあるのに、こんなに盛り上がっていいのか。『忍者戦隊カクレンジャー』第四四話「傷だらけ大逆転」だ。敵の猛攻でカクレンジャーの四人は、妖怪ダラダラに囚《とら》われ、ニンジャレッド、サスケ（小川輝晃《おがわてるあき》・演）も花のくノ一組相手に苦戦していた。サスケを救ったのはニンジャホワイト、鶴姫（広瀬仁美・演）に縁のある二人の忍者、太郎と次郎（土屋圭輔、大輔・演）。

二人は呪いで変えられていた犬の姿から、一時、人間体に戻り、サスケを助けたが、次に人間体に戻ると死んでしまう。二人の思いを鶴姫に伝えると約束するサスケ。「みんな、待っててくれ、今助けにいくからな！」と、敵基地に迫るサスケ。宮内タカユキの歌う挿入歌「星よ、にじむな！」が名場面を盛り上げる。

ヒーロー（ヒロイン）歴を隠す役者たち

特撮番組の地位の低さは、役者の「ヒーロー（ヒロイン）歴隠し」を誘発している点でも残念だ。毎年、ヒーロー作品から卒業していく役者のうち何人かは、ほどなくヒーロー番組でデビュー、あるいは実質デビューしたという過去を隠すようになる。本人の意向の場合もあれば、所属事務所の方針ということもある。現実に、役者サイドの「ヒーロー歴を隠したい」という意向を聞かされたことは何回もあるし、直接聞いていなくても、不自然にデビュー作の名前だけが消されているプロフィールを見れば、「ヒーロー歴隠し」は一目瞭然だ。

その仕事で世に出られたのだし、人気も得た。人気は、役柄と本人の個性とが奇跡的に見事にマッチした証拠であり、そんな幸福な役との出会いが、役者人生に何度もあるとは思えない。

それでも、若手俳優たちは次々とヒーロー歴を隠す。人気のある大役者に脱皮していくためには「子供だましのヒーロー番組」に出演していた過去は、邪魔になるということなのか。

特撮ヒーロー番組が「若手俳優の登竜門」と言われるようになって久しいが、通った事実を消される入り口のどこが登竜門だろうか。NHK「連続テレビ小説」に主演した女優が出演歴を隠したり、大河ドラマで織田信長や豊臣秀吉を演じた俳優がその履歴に触れられて不愉快な顔をすることを、筆者は寡聞《かぶん》にして耳にしたことがない。

いくら人気が出ても、そうした芸能界の対応を見る限り、ヒーロー番組の「地位」は、映画界からは「電気紙芝居」とバカにされ、テレビ界の中では「ジャリ番」と蔑まれた昭和の時代とたいして変わっていないと思ってしまう筆者はひねくれているのだろうか。

340《みしお》のみどころ 31・0 作り手たちの思い ——ウルトラの星はきっと輝いている

『ウルトラマンティガ』第四九話「ウルトラの星」は、脚本の上原正三の思いが詰まった一作だ。怪獣バイヤーのチャリジャが、怪獣を手に入れるため一九六五年の円谷プロに向かう。そこでは、円谷英二（滝田裕介・演）や金城哲夫（沖田浩之・演）らが『ウルトラマン』誕生に向け、生みの苦しみの中にいた。

円谷は、なかなか脚本が書けない金城に、ウルトラマンに会ったことがあると話し、友情の印としてもらった赤い石を渡す。円谷が噛みしめるように言う台詞が、いい。「ヒーローが必要なんだよ、金城君。（中略）ヒーローが」。そして、『ウルトラマン』の制作が始まる。メガホンをとる円谷一を演じるのは、息子の円谷浩。あの時代を過ごした人なら、最後のナレーションで泣かされること必至。

おもちゃのジレンマ

番組の中でカッコよく戦うヒーローたちは、画面の外では色々な「敵＝制約」に縛られ、身動きがとれなくなってきているのも、二一世紀の特徴だろう。「敵」と表現するのには抵抗があるが、今のヒーロー番組の自由を縛っている最大の存在は、ヒーローの味方であるはずの「おもちゃ」だろう。

玩具メーカーはヒーロー番組の大スポンサーだから、その意向は最大限尊重される。そして、少子化の今、一人の子供にたくさんの玩具を買ってもらおうという狙いから、一つの番組で発売される玩具の数は、昭和の頃と比べ物にならないくらい多くなっている。

『戦隊シリーズ』で言うなら、当初一体だったロボットは、一九八〇年代には戦艦に収納されたり、2号ロボが登場したりするようになり、今やパーツがいくつもあるのは当たり前、背負ったりお腹《なか》に抱えたり、台の上に載っけられたりで、一二月のクリスマス商戦の頃には、紅白歌合戦に出演していたときの小林幸子のようになってしまう。『ライダー』でも、キーアイテムがカードだったために最終形態では体のあちらこちらにカードが貼り付き、耳なし芳一みたいになってしまったライダーがいた。

てんこ盛りヒーローが好きな人もいるだろうし、悪いとは言わない。筆者とて、おもちゃは大好きだ。問題は、目まぐるしく発売される、あまりにも夥《おびただ》しい数のおもちゃの紹介を、わずか三〇分番組の中でしなくてはならないという「縛り」が生じていることだ。

ドラマツルギーとして、作品を縛る進行上の「枷《かせ》」は、それがあるから作品を面白くもする。『水戸黄門』の印籠《いんろう》しかり、『遠山の金さん』の桜吹雪《さくらふぶき》の見得しかり。

しかし、枷があまりに多かったらどうだろう。一人のお奉行が、印籠も彫物《ほりもの》も見せたうえ、お白洲《しらす》に立って、その後、白馬に乗って「め組」にも行かなくてはいけなくなったら？　ルーティンをこなすのに精いっぱいとなり、ドラマどころではなくなってしまうだろう。

ほとんど毎回のように新しい武器や乗り物が登場してきて、それをストーリーの中で説明したうえ、カッコよく使わないといけないという枷に縛られた現在のヒーロー番組は、「三〇分間のCM」に近づいてしまっていないか。

340《みしお》のみどころ 32・0 うやむや設定に決着——二五年後の感動

ウルトラマン80に変身する矢的猛（長谷川初範・演）が中学教師という設定は、放送途中からうやむやになっていた。それを二五年後、こんなに美しく締めくくるとは脱帽だ。『ウルトラマンメビウス』第四一話「思い出の先生」では、教え子たちが、間もなく廃校になる中学の屋上で同窓会を開くが、怪獣が現れる。

戦い終えて校舎の脇に立つ80に、教え子たちが駆け寄り「先生に憧れて、僕は教師になりました！」などと自分の現況を報告するシーンは感涙もの。さらに、感謝の横断幕を掲げ、「仰げば尊し」が歌われる。じっと聞き入る80の顔がウルトラマンなのに先生になっているところは必見ポイントだ。矢的先生に習ったことはないけれど、自分も生徒だったような感傷に浸ってしまう。

誰も「死なない」

八四年に、「殺された」ことがある。特番として放送された『仮面ライダーZX《ゼクロス》』の撮影現場で、エキストラを体験させていただいたのだ。場所は早朝の新宿高層ビル街。走って逃げる筆者は、悪の秘密結社バダンの暗闇大使が発動させた「時空破断システム」の餌食《えじき》になって「消された」。

暗闇大使はZXらが倒したが、消された「筆者」の後日譚《ごじつたん》はなかったから、多分、あの作品世界では筆者は「消された」まま、つまり敵組織に殺された被害者なのである。

そんな個人的な事例をひくまでもなく、九〇年代初頭までのヒーロー番組では、普通に、よく人が死ぬ描写があった。世界征服のために悪逆非道なことをやらかすやつらが敵なのだから、当たり前と言えば当たり前だ。そして、人が幸せに暮らしているところに踏み込み、理不尽に命を奪うような敵だからこそ、ヒーローに倒してもらいたい、と皆が願ったのだ。

だが、二一世紀の今、ヒーロー番組では、人が死ぬ直接的な描写はほとんどない。特に『戦隊シリーズ』では、九三年の『ダイレンジャー』あたりを最後に、人が死ぬ描写は全くなくなった。『平成ライダーシリーズ』でも平成第一作の『クウガ』で殺人ゲームを楽しむグロンギの怪人、メ・ガリマ・バの人間体が大きなカマを持ち、通りすがりに「振り向くな」と言った瞬間に被害者の「首が落ちたらしい」と思わせる描写があったのが印象に残っている最後の「殺人」場面だ。ここ数年の作品では、ビルが倒壊しても、炎が燃え盛っても、そこに倒れる人の姿は見えない。

どうやら、子供番組なので人を殺す場面はNG、というのが現場での不文律になっているらしい。テレビ局側がそう求めると語る人もいるが、それを否定する向きもあり、真相はわからない。

さらに、第三章で書いたように、現実の犯罪がフィクションの世界に肉薄してきてしまった結果、バスジャックも、毒を貯水池に入れるような作戦も、実行不可能となってしまった。

これでは、悪の組織はいったい何をすれば悪でいられるというのだろうか。

刺殺も毒殺も絞殺も満足にできない敵は、手ぬるい悪事を行うか、マヌケな作戦に逃げるか、複雑でわかりにくい心理作戦を取るしかなくなる。

あるいは、ドラマの中で、延々と悪側の「事情」が描かれるようになる。悪いことをするのにはやむを得ない事情があることを、丁寧に説明するのである。そんな悪の事情を解説されると、判官贔屓《はんがんびいき》の日本人としては、むしろ、悪のドラマに肩入れしたくなってしまう。おまけに、最近の悪の組織は、いつヒーロー側と入れ替わっても不自然でないようなルックスのいい役者ばかりを揃えているからなおさらだ。

悪がこれでは、ヒーローが強く、カッコよくなれないのは当たり前だろう。やたらと悩んでしまうヒーローと、逆に、一切の空気を読まない能天気なヒーローと。その両極に振れることが格段に増えてきたように感じるのは気のせいか。ここでも、ヒーローは「大人の事情」にがんじがらめになっている。

340《みしお》のみどころ 33・0 撮影ナイショ話 ——ハバナの海岸を歩いたヒーロー

米国との関係改善で注目されるキューバは『仮面ライダークウガ』最終回のロケ地である。「空と海のきれいな海外で撮影したい」と制作サイドに尋ねられ、筆者はキューバを推薦。色々手配した関係もあり、休暇をとってロケに同行した。

キューバは常夏の国で一月は乾季なのに、到着したハバナは前日まで大荒れで、空は鉛色。翌日は晴れたものの、雲は流れ、海はうねっている。青空を撮りにきたのに……。だが、これが奏功した。荒れ気味の海と空は、逆に戦いを終えた直後のクウガ、五代雄介（オダギリジョー・演）の複雑な心境にふさわしく、味わい深い映像となったのだ。にわかロケコーディネーターとしてはホッとした。

余談だが、この回、筆者も喫茶店の客役で「出演」している。

ＣＧとの折り合い

昭和と昨今のヒーローを比べるなら、『戦隊シリーズ』に代表される派手な爆破シーンが鳴りをひそめ、ＣＧばかりが使われるようになったこともオールドファンとしては気になるところだ。

もちろん、ＣＧは素晴らしい技術であって、否定する気はさらさらない。ＣＧなしでは絶対に作れない場面もたくさんあるし、ワイヤーアクションのワイヤー消しなど、番組の大きな助けになっていることも確かだ。

それでも、昭和ヒーローの本物の爆発シーンには、爆発したのがどんなにしょぼい怪人であっても、とんでもない方向に煙が流れて行っても、胸が高鳴ったし、わずか三秒ほどしか映らないのに、わざわざ洋館の高い屋根の上に上がってポーズを決めてみせる仮面ライダーには、合成の絵とは違う迫力を感じた。感じた、というよりも、もしバランガの館の屋根の上のライダーがＣＧだったら（第七五話「毒花怪人バラランガ　恐怖の家の秘密」）、スパイダーマンのビルの壁登りがアニメ処理だったら、今、覚えていることはなかっただろう。

びっくりさせられることによる感動は、案外大きいのである。

実際、最近、海外の『戦隊』ファンと話していると、皆、口をそろえて言うのが、「CG以前の時代のシリーズの方が好きだ」ということなのだ。映像のきれいさという点では今の方が、よほど国際標準に近づいたと思えるのだが、それよりも、あの粗《あら》の見えているような、猥雑《わいざつ》にも見える映像の方が好きなのだという。

もっとも、CGについては「昭和はよかった」と、CGを悪者にすればいい話ではないだろう。なぜなら、円谷英二だって平山亨だって、もし今、ヒーロー作品を手掛けていたら、きっと最新技術であるところのCGを使っただろうと思うからだ。現場で、最先端の、しかも比較的安価で安心な技術が採用されるのは、当然のことだ。それに、CGばかり乱用した奥行きのない映像はいやだが、かといって二一世紀の今、昭和四〇年代と同じ映像技術だけで作品を作られても、それはそれで、興ざめだ。

問題はCGそのものにあるのではなく、CGの使いどころ、というありがちな結論になってしまうのだが、その加減の丁度いいところが、まだ探し切れていないような気がする。使い方さえ間違えなければ、CGは特撮ヒーローの力強い味方になるはずだと思うのだが。

340《みしお》のみどころ 34・0 特撮原体験――一四歳の秋だった

筆者が一四歳だった一九七〇年一一月。突然、「今、撮影所に行かなかったら一生後悔する」

と思った。特撮の神様の声だったのかもしれない。無鉄砲な中学生は、コネもアポもなしに、東映東京撮影所を訪れる。ちょうど出てきた村上弘明（スカイライダー、筑波洋役）とプロデューサーの平山亨に会うことができた。

平山と三時間ほど「ライダー論」を語り合った。ライダーは恋愛をするのか、戦争があったらどうするのか、等々。平山は一四歳の少女に真正面から向き合ってくれた。以後、父と娘のような交流が始まり、亡くなるまで続いた。

あの日の奇跡的な出会いは運命だったのだと思う。「日本特撮党党首」としてヒーローたちの「思い」を伝えていくのが、そんな筆者の使命だと確信している。

「クールジャパン」に異論あり

漫画やアニメ同様、特撮を海外に売り出していこうという「クールジャパン」政策も、諸刃《もろは》の剣《つるぎ》だ。

なぜなら、「クールジャパン」が語られるときに、出てくる言葉が「コンテンツビジネス」とか「キャラクタービジネス」と、「商売」のオンパレードだからだ。経済産業省主導だから仕方ないのかもしれないが、そこに愛が全く感じられないこともしばしばだ。特撮やアニメの「価値」をビジネスの尺度だけで測っていては、肝心なことを見失う。

「クールジャパン」として特撮（やアニメや漫画やアニソン）を海外に売り出すことの本当の意味は、薄っぺらなビジネスにあるのではない。そんなものなら、それぞれの企業にまかせておけばいい。

日本のコンテンツを海外に展開することの最大の利点は、日本のヒーローに共感してもらうことで、日本を理解してもらうことにある。日本の文化を知ってもらい、日本人の考え方をわかってもらう。そのうえで、日本のヒーローが訴え続けてきたことに共感してもらう。幅広く、日本への親近感をもってもらうことこそ、他の「ビジネス」ではできず、こうしたコンテンツが成し遂げ得ることであり、国がクールジャパンを推進すべき理由だと筆者は思う。

争いは、お互いを理解できないところから始まる。「怖い」という感情の背景にあるのは「わからない」という気持ちだ。本当の意味で「クールジャパン」が成功すれば、少なくともそうした争いの芽を摘むことができるはずだ。「クールジャパン」の本当の意味は、日本の安全保障にもつながることだと考える。

新たな平成ヒーローの登場を

平成も、もう四半世紀以上がすぎ、平成のヒーローの数も増えてきた。しかし、改めて考えてみると、「平成」と銘打ってはいるが、どのヒーローも平成オリジナルではないのだ。『ウルトラ』も『ライダー』も、そして『戦隊』も一九六〇〜七〇年代にすでに原型が作られたヒーロー作品ばかりである。

細部は確かに大幅に変わっているのだけれど、逆に、そうして細かいところでばかり差別化を図ろうとするから、物語はどんどん複雑になってしまっている。かつてのヒーローの輪郭がクレヨンで描かれた太い線だとすると、複雑になりすぎた今のヒーローたちは、4Hの鉛筆で書きこまれた製図のようだ。緻密に作られてはいるけれど、一目で見る側の心をつかむ力強さには残念ながら欠けている。

そろそろ、平成オリジナルのヒーロー、さらにはそれを超えた新時代のヒーローを見たいと思うのは筆者だけだろうか。

もちろん、この間、『超星神シリーズ』（二〇〇三年〜）や『魔弾戦記リュウケンドー』（〇六年）、『トミカヒーロー　レスキューファイアー』（〇九年）など、いくつかのヒーローの提案はあったものの、定着するには至らなかった。一九七〇年代のような百花繚乱は難しくても、そろそろ今の時代に根差したヒーローが見てみたいのだ。

初代『仮面ライダー』のロケ地の一つに大阪・千里の万博会場跡がある。その会場のシンボルである「太陽の塔」は、芸術家の岡本太郎が「ベラボーなもの」を目指して作ったもので、すでに建設計画が決まっていた「お祭り広場の大屋根」をぶち破ることで完成している。「進歩と調和」というテーマどころか、屋根の破壊からスタートした「太陽の塔」は、あれから四五年、万博を象徴する存在となっている。

予定調和ではなく、そろそろ今という大屋根を打ち破って登場するような、そんな新時代のヒーローを、見てみたいと思う。先人の遺産が尽きぬうちに。

終章

ヒーローたちの思いは実を結ぶか

八百万《やおよろず》のヒーローたちが伝えたかったこと

日本は「八百万の特撮ヒーローの国」である。月光仮面が、まだ戦後の困窮を引きずっていた日本に現れて以来、幾多のヒーローが登場しては弱いものを救い、子供たちに勇気と強さ、そして優しさを教えてきた。これほど多くのヒーローがいる国は日本だけだ。六〇年近くにわたって、八百万のヒーローたちが伝えようとしたメッセージとは何だったのだろう。

放送から三五年もたったのに、筆者には忘れられない台詞がある。『電子戦隊デンジマン』第四六話「腹ペコ地獄X計画」の中でのデンジブルー、青梅大五郎（大葉健二・演）の台詞だ。子供たちと山中にサバイバル訓練に向かう青梅。だが、ヘドリアン女王の企みで一行は道に迷い、極限状況の中、食料も失ってしまう。子供たちの中で一番衰弱したのは体力のない美雪だった。男子たちは一度は美雪を置き去りにし、残り少ない水筒の水を奪い合う。「美雪ちゃんが最初だ！」と諭す青梅に「強い者だけが生き残るんだ！」と叫ぶ少年。その少年に対して青梅が絞り出すような声で言うのだ。

「それじゃあ、ベーダーと同じじゃないか。人間は違うぞ。強い者は弱い者を守ってやらなきゃ、男の子は女の子を守ってやらなきゃ、それが人間だ」

この言葉を吐いたときの青梅の泣きそうな顔を、今でも思い出すことができる。それほどこの言葉は胸に刺さった。

あるいは、『百獣戦隊ガオレンジャー』第四〇話「天空島、滅ぶ」では、敵の襲撃を受けた工場で、犬と飼い主の少女が建物の下敷きになってしまう。彼女らを見捨てて一度は逃げ出した工員たちを見て、敵のブリキオルグが「（人間は）自分たちのためなら他人のことなど顧みようとしない」とあざける。

ところが、工員たちはすぐに機材を手に彼女らを助けに戻ってきて、力を合わせて鉄骨をどかそうとする。そこでガオレッドが言い放つ。

「人間は過ちを犯す。でも、自分が傷つくことも恐れず、子犬を助け、仲間を救いに走るのも人間だ。人間はその手で地球を守ることもできるんだ。（中略）たとえどんな過ちを犯しても、人間はそれを改めることができる。俺はそんな人間が大好きだ！」

『戦隊』に限らない。最終回で最後の戦いを終え、夕陽の中にすっくと立ったウルトラマンAは、「優しさを失わないでくれ。弱い者を労《いたわ》り、互いに助け合い、どこの国の人たちとも友達になろうとする気持ちを失わないでくれ。たとえその気持ちが何百回裏切られようとも。それが私の最後の願いだ」と少年たちに語りかけ、宇宙に去っていった。

大人向けのドラマでは「青臭い」とされ、ストレートに表現しづらいこうした正論を、真正面から説くところに、筆者はヒーロー作品の神髄があると思っている。

この三人だけではない。ヒーローたちは、たとえ言葉にしなくても、子犬一匹のために命をかけて戦ったり、敵をバイクで追跡中に飛び出してきた野ウサギをよけて自分が倒れたり、足元の名もない花をかばったりする姿を見せることで、命の大切さや、弱いものいじめをしてはいけないこと、互いに助け合うことの尊さを子供たちに教えてきた。人として生きていくうえでの規範を教えてきたと言ってもいい。

もう少し現実的な「教え」としては、『帰ってきたウルトラマン』に、朝食をとることの大切さや交通事故に注意することまでを、わかりやすく復唱させる「ウルトラ五つの誓い」というものもあった。筆者の手元にある「少年仮面ライダー隊隊員証」(一九七二年当時の子供向け雑誌を通じて頒布《はんぷ》された)には、これによく似た内容の「ライダー隊のちかい」が書かれているが、こちらは残念ながら番組の中には登場していない。

ヒーロー番組は教育番組

『仮面ライダーV3』や『秘密戦隊ゴレンジャー』のアオレンジャー、『快傑ズバット』など数多くのヒーローを演じてきた宮内洋は、著書『ヒーロー神髄』(風塵社　一九九八年)の中で、「『ヒーロー番組』は『教育番組』である」と言い切る。そのうえで

「子供は観《み》てマネをする」のだから「『ヒーロー』は『正義』のみならず、全てが正しくなくてはならない」として、箸の持ち方から横断歩道のわたり方にまで気を付けていたと語る。こうした役者たちの努力もまた、ヒーローたちの説く「人の道」に単なる「お説教」ではない厚みを加えた。

アメリカに留学していた頃、筆者は英字紙に掲載されたヒーローについてのコラムに「ジャパニーズヒーローは戦うだけでなく、モラルまで教える」と書いてあったことを記憶している。確かに、ハリウッド発のヒーローたちは正義のためにカッコよく戦い、自らの正義を掲げてはみせるけれど、「人の道」まで説くことはない。それに対して、日本では初代ヒーローの月光仮面が、悪人を倒す前に、祖国愛の尊さを諭していたほどだ。こうして「人の道」を説くのもまた、スーツアクターと同じで、日本発祥の文化かもしれない。

「引かない」「あきらめない」気持ちを

「人の道」とともに、ヒーローが伝えてきた大切なメッセージが、「あきらめない」ということだ。

『ウルトラマンティガ』の最終二話。地球は邪神ガタノゾーアによって闇に閉ざされる。暴れるガタノゾーアはティガの数倍もの大きさで、見るからに、ティガの形勢は悪い。

世界中の甚《はなは》だしい被害の様子も描かれ、今までのシリーズにはなかったほど圧倒的な絶望感が作品世界を覆う。そして、ティガはついに光を失い、石像にされ、海底に沈められてしまう。

そして迎えた最終回のタイトルは「輝けるものたちへ」。ウルトラマンですら歯が立たなかった強敵相手に、それでも一歩も引かない人間たちが描かれる。それぞれの持ち場で頑張ることでティガに光を与え、石像からウルトラマンに戻そうとする。そして、同じように、決して絶望せず、ティガの復活を信じる子供たちの声援がティガに光となって届き、ティガは復活する。ティガも周囲の人も、どんなに劣勢でも、絶対にあきらめないのだ。

「あきらめない」は『平成ウルトラシリーズ』を貫く主題の一つでもあり、映画『ウルトラマンティガ&ウルトラマンダイナ　光の星の戦士たち』（九八年）でも敵に立ち向かうイルマ隊長が「どんな絶望の中でも、決して、あきらめない！」と叫んでいた。また、『ウルトラマンガイア』は、主題歌からして、あきらめずにギリギリまで頑張るという内容の歌詞である。

『戦隊シリーズ』三五作記念映画として、歴代ヒーローが勢ぞろいし、戦隊のOB、OGも多数出演した『ゴーカイジャー　ゴセイジャー　スーパー戦隊199ヒーロー大決戦』（二〇一一年）も、「あきらめない」ことの大切さを伝える名作だった。

登場するのはリストラされた会社員。人生に絶望し自暴自棄になっている彼を、元ヒーローたちが「希望をなくしてどうする⁉」「夢や希望を捨ててしまったら、人間は生きている意味がなくなってしまう」と励ます。

しかし、励ましていたヒーローたちが、終盤、強大な敵との戦いで劣勢に追い込まれる。大人たちは「もうダメだ」と絶望するが、子供たちは、ボロボロになっても戦い続けているヒーローを応援し続ける。

するとそのとき、彼らの持つ戦隊のメカやロボット玩具が金色に輝き、実体化する。会社員が売り払おうとしていた飛行メカ「バリブルーン」の玩具も空に舞い上がる。そして、初代『秘密戦隊ゴレンジャー』の主題歌をバックに、歴代『戦隊』ヒーローたちが搭乗したメカやロボットが立ち並ぶのである。

思えば、昭和ライダーは負けてもあきらめずに特訓を繰り返したし、『ダイヤモンド・アイ』のライコウは悪漢に縛られ殺されかけてもなお、抵抗をやめなかった。鎖につながれたミラーマンも「勇気を捨ててはいけない、最後の一瞬まで」と父に励まされて怪獣の攻撃に耐え、踏ん張った（第三〇話「ミラーマン救出大作戦」）。

どのヒーローも「もし勝てなかったら」「ダメかもしれない」とは決して考えない。勝つことだけを信じて、敵に立ち向かっていく。決してあきらめないのがヒーローたち、あきらめないから、ヒーローなのだ。

この映画は、東日本大震災のため、一か月遅れて、一一年六月の公開だった。まだ復興の目途も立たない時期に映画館でこの映画を見て、涙が止まらなかった。震災を経験し、一日にして世界が変わる絶望感を知った今、ヒーローたちの説く「あきらめない気持ちの大切さ」は絵空事ではなく、以前にも増して胸に響いてくる。

「非戦」のための「戦い」

戦うヒーローたちが説いてきたのが、実は非戦の願いだと言ったら意外に聞こえるだろうか。

昭和の時代には、よくＰＴＡのお母さんたちが、「ヒーローの真似をして子供が乱暴になる」と文句をつけていたが、ヒーローたちの中に暴力を推奨する者などいなかった。ヒーローたちは戦いに身を投じながらも、決して戦いを楽しんではいなかったのだから。戦わねばならない運命を受け入れてはいたけれど、誰もが、戦わないですむ世界を、平和をこそ求めていた。

ウルトラマンは、事情がある怪獣は宇宙に帰してやっていたし、仮面ライダーがショッカーの怪人を殴るときの顔からは、その拳の痛みまでが伝わってきた。

背景には、昭和のヒーローの作り手の多くが第二次世界大戦をリアルタイムで経験したことがある。戦うヒーローを作りながらも、誰もが「非戦」の願いを込めていた。

川内康範は一九八一年に映画で月光仮面がよみがえった際に「『月光仮面』や『スーパーマン』が必要でなくなる時代が訪れてくれたら、その時こそが、本当の平和な時代なのだ」と書いている（前出『生涯助ッ人　回想録』）。平成ライダー第一作の『仮面ライダークウガ』の最終話「雄介」では、主人公、五代雄介の妹、みのりが保育園児に「4号（クウガ）は本当はいちゃいけないって、先生は思ってるの。（中略）4号なんかいなくてもいい世の中が一番いいと思うんだ」と語りかける。派生作品になるが、昭和『ライダー』のテイストを濃く伝える前出の村枝賢一の漫画『新 仮面ライダーSPIRITS』2巻の中、仮面ライダー2号、一文字隼人は「争いのない世界、それが私の願いだ――……」と記す。

戦いを生業《なりわい》としながらも誰一人、戦いを好んでいるヒーローはいなかった。戦後七〇年、節目の年に、胸に刻みたいヒーローたちの非戦の願いである。

ヒーローが託した未来に、私たちは生きる

特撮ヒーローがこの国に誕生して六〇年近く。豊かさを求め、戦後、ひた走ってきたこの国は、しばらく前からその豊かさに足をすくわれ、もがいているように見える。「明日は今日よりいい日になる」という希望に満ちた日は過去のものとなり、今の日本は「明日が今日より悪くなりませんように」と怯《おび》えているように思う。経済大国という

「坂の上の雲」にはとっくに手が届き、終戦直後よりずっと豊かになった社会を、未来を遮る閉塞感《へいそくかん》という名の雲が覆っている。

そんな社会で、昭和特撮ヒーローたちの洗礼を受けた私たちの世代は、いつの間にか社会の中核を担う年齢となった。

世界は、ヒーローが願ったほど平和にはなっていないし、紛争の種は絶えない。強い者が弱い者をいたぶる悲惨な事件も後を絶たない。混沌とした中で、何が「正しいこと」なのか、わからなくなることも多い。

六〇年近くにわたり、ヒーローたちが体を張って伝えてきたメッセージ、彼らの思いが、報われたかどうかは、まだわからない。

でも、ヒーローたちの希望の灯《あか》りは、日本中の、いや、国境を越えて世界中の子供たちの胸にいったんは灯《とも》されたはずだ。今は埋《うず》み火《び》でも、人生の難局に行き当たった時、争いや災いの種がまかれる時、必ずやその火は再び燃え上がる。東日本大震災で被災地支援に、原発事故収束のために現地に向かう人たちの中に、私たちは確実にかつてのヒーローたちの思いを、ヒーローの姿を見ることができたのだから。

二〇〇五年に公開された映画『魔法戦隊マジレンジャー THE MOVIE インフェルシアの花嫁』は、数々の「悪」を演じた曽我町子の特撮での遺作となった映画だ。

この中で、曽我演じる天空大聖者マジエルはこう語りかける。

「地上界の者たちに素敵な魔法を贈るとしよう。それぞれの者に勇気と力を与えよ」

勇気と力を胸に、ヒーローのメッセージを具現化していけるかどうか。

混沌とした時代の霧を払い、闇を切り開くのは、もはやかつてのヒーローではない。

ヒーローに学び、ヒーローを愛する私たち一人ひとりだ。

あとがき

実は、特撮ヒーロー黄金時代に東京で幼少期を過ごしながら、私は幼い頃、ほとんど特撮ヒーロー番組を見ていない。我が家では子供のテレビ視聴は母によって厳しく制限されていたからだ。

それなのに、なぜか母が『ミラーマン』を見せてくれたことが、私の人生を変えた。実写の映像がその時代の空気までを感じさせる特撮ヒーローに、私は夢中になってしまったのだ。「テストで百点を取ったとき」など特別な機会に見せてもらえる番組を、テレビにかじりつくようにして見た。唯一、買ってもらえた水木一郎さんの『仮面ライダーX』主題歌のレコードは、擦り切れるくらい聴いた。

滅多に見られなかった特撮ヒーロー番組だったから、余計に思いは募った。中学生になった私は、コラムに書いたように東映東京撮影所を訪問し、平山亨プロデューサーと出会う。さらに、お小遣いをためたお金で、特撮検証本を買い漁《あさ》り、砂地が水を吸うように特撮情報を吸収していった。

さらに、一九歳で米国に留学した際、英語も出来ず、ホームシックと、週に十数冊もの課題図書がある厳しい授業に絶望していた私を救い、導いてくれたのが仮面ライダーだった。ある日、「仮面ライダーは、怪人に殺されるかもしれないのに戦っている。私は命をとられるわけではないのに、何を甘ったれたことを言っているんだろう」と「開眼」したのである。翌日から、一日十数時間机に向かうようになった私は、大学、大学院、と政治学を学び、帰国後、希望していた新聞記者になった。

私にとって特撮ヒーローは恩人であり、恩師であり、兄でもある存在なのだ。

そんな大好きな特撮ヒーローが、近年評価が高まってきたアニメと比べ、今一つ正当に評価されていないことがずっと気になっていた。多くの人に、特撮ヒーローの素晴らしさを知ってほしい。作品の底流に流れるメッセージに目を向けてほしいと思って書いたのが本書である。素晴らしさの一端でも伝わってくれたなら、これに勝る喜びはない。

出版までに多くの方にお力添えいただいた。何よりも、ある日突然「特撮ヒーローのことを書きませんか」とメールをくれたことに始まり、出版への道を開いてくれたイミダス編集部の小峰和徳さんなしではこの本はできなかった。細かい検証をしてくださった根岸由希さん、阿部恵子編集長にもサポートしていただいた。最も尊敬する特撮ライターの用《もち》田《だ》邦憲《くにのり》さんに、専門家の見地からアドバイスを頂けたことは、身に余る光栄である。アニソンに特化したレコードレーベル「ランティス」と縁の深い麻宮《あさみや》騎《き》亜《あ》先生に、単行本の表紙のイラストを描いていただけたことにも不思議なご縁を感じる。阿部征司プロデューサー、内田有作・東映生田スタジオ所長、小笠原猛監督をはじめ、今日までに出会ってきた多くの特撮関係者の皆様、そして取材に応じてくださったスタッフの皆様、出演者の皆様、歌手の皆様にもお世話になった。文通してくれたシナリオライターの曽田博久氏にも多謝。皆様、本当にありがとうございます。

そして、七歳の私に『ミラーマン』を見せてくれた、今は亡き母・敦子と、「君にしか書けない本を書きなさい」と叱咤激励《しったげきれい》してくれた父・喬に、感謝する。

最後に、空の上の平山プロデューサーに、何度も何度もありがとう、と伝えてペンを置きたい。

平山さん、あの日の一四歳の女の子が、やっと、やっと、特撮ヒーローへの思いを本にしましたよ。

二〇一五年六月

鈴木美潮

文庫版あとがき

平成という時代を私なりに総括するなら「大人の特撮ファンが世の中に認知された時代」とでもいったところか。

平成元年（一九八九年）に読売新聞に入社した頃、私は周囲に特撮オタクであることを隠していた。恥じていたわけではない。だが、「特撮が好き」と言った場合、かなりの確率で返ってくる「あんなの子供が見るものでしょ」という言葉を聞くのが本当に嫌だったし、いちいち論破するには莫大《ばくだい》なエネルギーが必要だったからだ。同世代の仲間はほとんど見つけられず、友人がとっくに卒業した特撮ヒーローの沼から抜けられない自分は、もしや変態なのでは、と悩んですらいた。

「隠れオタク」がバレたのは、一年生記者時代、横浜博覧会場で行われた「高速戦隊ターボレンジャー」ショーの記事（博覧会用別刷り）を担当した時だ。写真には四人しか写っていないのに、さらりと五つの色を書き込んだことから発覚した。そこから私は開き直り、特撮ヒーロー文化振興活動に邁進《まいしん》していくことになる。

世の中の状況を一変させたのは、インターネットの出現だろう。特撮ファンは仲間を発見し合い、俄然《がぜん》パワーアップしていく。平成半ばに到来した「イケメン」ヒーローブームも、特撮ファンの市民権獲得を後押しした。

「特撮」と「大人の特撮ファン」というものの存在が、少しずつ一般社会に認識されていく中で、四年ほど前に記したのがこの本だ。人気を博す平成ヒーローの原型が昭和にあり、そこには多くの人の思いが込められていることを知ってもらいたいという気持ちがあった。

たくさんの人に本を読んでいただけたことは大変幸せだ。しかし、同時に「オタク向けの特殊な本」と思い込む人が一定数いたことも事実だ。手に取りやすい文庫版は、「自分には関係ない」と思っている多くの方にも本書を届けやすくしてくれるのではないかと期待している。

この四年間に、特撮界では、数え方によって異なるがおおむね三〇人前後の仮面ライダー、六人（合体前）のウルトラマン、そして五つのスーパー戦隊が誕生し、特撮ヒーロー人気は健在である。若手俳優や所属事務所による「ヒーロー歴隠し」も、本書執筆後、加速度的に減ってきているように見える。私が主催する特撮ヒーローやアニソン関係のトークイベント「３４０ Presents」は昨年夏に一五周年を迎えた。著者の私は四つ年を重ね、七キロダイエットを達成し（！）、そして変わらず特撮ヒーローが大好きである。

改めて、本書を応援してくれた皆様に感謝する。そして、文庫版がより多くの人の手にとられ、特撮ヒーロー文化の素晴らしさを世界に伝えていけたら、と願っている。

特撮ヒーローのいる国に生まれることが出来て、私は本当に幸せだ。

平成最後の春に

鈴木美潮

解説——同じ特撮を見て、こうも違い、こうも共感する

柳田理科雄

なんといい時代に生まれ育ったんだろう。この『ヒーローたちの戦いは報われたか』を読むと、しみじみそう思わずにはいられない。

著者の鈴木美潮さんとは同年代である。ただし、プロフィールやあとがきによれば、育った環境はぜんぜん違うようで、鈴木さんが東京で都会的な幼少期を過ごされている頃、僕は種子島の野山を駆け回っていた。当時、海岸に行くたびに僕が思ったのは「この海の向こうに鹿児島という都会があり、その向こうに福岡という大都会があり、そのはるか向こうに東京という夢のような世界がある。そんなスゴイところだから、毎週ウルトラマンがやってきても不思議はない」ということ。

『ウルトラマン』をニュース番組だと思い、ブラウン管のなかのできごとを、そのまま信じていたのだ。鈴木さんは、その東京で生まれ育ったわけで、いずれお会いする機会があったら、「ウルトラマンは本当にやってこなかったのですか？」とぜひ聞きたい。

それほど隔絶した環境で育った鈴木さんと僕が、その後たくさんの特撮番組を見なが

ら育ち、大いに触発されて、それぞれの方法で特撮を語るようになったわけである。それぞれの方法というのは、鈴木さんの場合はさすが新聞記者というべきか「世相が特撮ヒーローを呼ぶ」という目線であり、僕の場合は「特撮番組が現実だったら、科学的にどういうことになるの？」というものだ。まったく違うアプローチの仕方だが、鈴木さんのこの本を読んでいると、頷《うなず》けること、胸に迫ることばかり。生まれ育ちという「入口」も、アプローチの方法という「出口」も全然違うのに、これほど共感を重ねられるというのは、題材である特撮番組たちがとても巨大で、懐が深いからだろう。

たとえば、一九七一年に放送が始まった『仮面ライダー』は、鈴木さんによれば「経済成長の歪《ひず》みが表面化する中、時代の負の部分を背負って誕生したヒーロー」である。だからこそ、強力な怪人に対しては、モーレツな「特訓」を重ねて新たな技を編み出すという指摘は、なるほど言われてみればそのとおりだ（いまだったら、個人が特訓するより、状況を打開するための方法を考えて、欠けている部分を補う人材を連れてくる、という方法を取るかもしれない）。

その同じ『仮面ライダー』を見て、僕は何を感じていたか。もちろん「哀愁を帯びたヒーロー」とは思ったけれど、何よりココロ惹《ひ》かれたのは「ライダーキック」である。仮面ライダー1号のジャンプ力は15ｍ30㎝で、このすごいジャンプ力を利用して「とおーっ！」と跳び上がり、空中で前転するや、「ライダーキック！」と叫んで怪人を蹴る。一世を風靡《ふうび》したこの技に、最初は「さすが仮面ライダー」と目が釘《くぎ》づけだったのだが、そのうち学校で「自由落下」を学び、落下距離と落下時間のあいだに次の関係があることを知ると、僕のなかで味わいが変わってきた。

落下距離[m]＝1／2×9．8[m／秒^2]×(落下時間[秒])^2

この式に、落下距離15・3mを代入すると、落下時間＝1・77秒という答えが出る。すると、上昇にも1・77秒かかるはずだから、合計3・54秒。予想外に時間がかかるではないか。ジャンプ力がありすぎるがゆえの弱点ともいうべき滞空時間であり、これではショッカーの怪人は、楽々と避けられるのでは……。やはり仮面ライダーは哀愁のヒーローだと、僕は授業中にそんなことを考えるようになっていった。

これに続いて面白かったのが『人造人間キカイダー』で、鈴木さんは「キカイダーもまた苦悩し、悲しみを引きずるヒーローだった」と書かれている。確かにそのとおりで、やたらとジローが苦しんでいたシーンが印象的な番組だった。

なかでも僕が興味深かったのは、苦しめるギルの手段が「笛」であること。笛すなわち音であり、音である以上それは音速でジローに届くだろう。気温15℃のとき、音速は秒速340m。ダークの秘密基地がどこにあるかはわからないが、仮にジローとダーク破壊部隊の戦いが50㎞離れたところで行われているとしたら、ギルが笛を吹き始めてからジローの耳に届くまで2分27秒かかるのだ。劇中、ジローが「チェンジ！」と変身ポーズを取ろうとした瞬間に笛の音が聞こえ始め、ジローは悶絶《もんぜつ》していたが、そんな絶妙なタイミングで笛が吹けるとは、さすがギル教授！

『スペクトルマン』は、天才科学者の宇宙猿人ゴリが公害を利用して怪獣を送り込むなど、まさに世相を反映した番組だった。このときも僕が気になっていたのは理科的なことで、蒲生譲二が「ネビュラ71」という天体（人工天体？）を目視確認し、了解を得て変身するというシステムだった。ネビュラ71の大きさや、地球からの距離などは一切わからないが、これがどこにあるかは重大な問題だ。地球は自転と公転をしているため、星の見え方は季節や時刻によって変わってくる。たとえば、ネビュラ71が、冬の星座として有名なオリオン座と同じ方角にあったら、冬は夜しか見えず、夏は昼しか見えない。スペクトルマンはその時間帯にしか変身できないことになるが、それ以外のときに怪獣が現れたら、いったいどうすればいいんだろう。

　僕はそんなことばかり気になって仕方がなかった。こう書くと「柳田は揚げ足取りをする」と批判されることもあるのだが、冒頭に記したように、僕にとってヒーローたちははるか遠い大都会で活躍するヒトたちであって「本当にいるに違いない」という気持ちが出発点だったのだ。いまでも「テレビのできごと」ときっぱり割り切ることができず、本気で心配したり、感心したり、呆《あき》れたりしているところがある。

そして、それは鈴木さんも同じではないだろうか。ヒーローや怪人の存在をそのまま信じてはいなかったにしても、単なる子ども向け番組と割り切っていたら、時代や社会、世相との関連などを真摯に考えることなどなかったのではないか。

『超人バロム・1』のドルゲ事件で露呈した新聞社の偏見を指摘したり、『宇宙刑事ギャバン』『シャリバン』が地下鉄サリン事件やインターネット社会を予測したかのようなエピソードを描いたりしたという紹介は、とても興味深い。また「戦隊シリーズ悪の組織における女性幹部の割合」が約二八・四%と、安倍内閣が目指す「指導的地位に占める女性の割合三〇%」に迫るという調査結果は、鈴木さんの視点あればこそ導かれたもので、「特撮番組と世相が密接に関係している」ことを示す典型的な例だろう。

特撮番組は、世の中とつながっている。番組で描かれたテーマやエピソードは、社会や科学に興味を抱くきっかけになるし、番組を見ていた体験を振り返ることで、自分の生きてきた時代を再確認もできる。子ども向けの閉ざされた番組と思われがちだが、本当は大きく開かれ、さまざまなものと結びついた豊かな世界なのだ。僕はこの本でそれを実感し、自分の歩いてきた道が間違っていなかったと思えるようになった。

無心に特撮番組を見ていた頃から数十年が過ぎて、いまもヒーローたちは戦っている。平成三〇年間のうちに、彼らのあり方も大きく変わったが、彼らが諦めないこと、そして優しいことは変わらない。

ヒーローたちの戦いは報われたか――。そうは思えない事件ばかりが続くけれど、いまこそヒーローに育ててもらったわれわれが、彼らのことを語り継いでいくべきなのだと思う。鈴木さんは、特撮系のイベントを積極的に開催されて、それを実践されているし、何よりも本書を執筆され、それがこのたび文庫化されることの意義は大きい。

僕もここ数年、『ジュニア空想科学読本』(角川つばさ文庫)という子ども向けのシリーズを書き続けているのだが、そのなかに必ず昭和の特撮番組について科学的に考察する原稿を盛り込むことにしている。『ウルトラマン』や『仮面ライダー』はもちろん、『ミラーマン』とか『超人バロム・1』とか『快傑ライオン丸』とか『キカイダー01』とか。いまの子どもたちはほとんど知らないけど、ネットで調べたり、親や教師に聞いたりしてそれなりに楽しんでいるらしい。

それぞれ違うアプローチながら、われわれを育ててくれた特撮番組の価値観を伝えるべく、鈴木さんと僕の戦いは、これからも続いていく。

(やなぎた・りかお　作家/空想科学研究所主任研究員)

主要参考文献（五〇音順）

『一文字隼人　仮面ライダー2号伝説』（佐々木剛　白夜書房　1998）
『イナズマン大全　イナズマン イナズマンFの世界』（岩佐陽一編　双葉社　2003）
『上原正三シナリオ選集』（上原正三　現代書館　2009）
『宇宙刑事大全　ギャバン、シャリバン、シャイダーの世界』（安藤幹夫&スタジオ・ハード編　双葉社　2000）
『ウルトラマンアルバム』（竹内博編　朝日ソノラマ　1999）
『ウルトラマン対仮面ライダー』（池田憲章、高橋信之　文春文庫PLUS　2001）
『ウルトラマンになった男』（古谷敏　小学館　2009）
『大阪万博　20世紀が夢見た21世紀』（平野暁臣編著　小学館クリエイティブ　2014）
『大野剣友会伝　アクションヒーローを生んだ達人たち』（岡田勝監修　風塵社　1999）
『おふくろさんよ　語り継ぎたい日本人のこころ』（川内康範　マガジンハウス　2007）
『仮面ライダーがエントツの上に立った日　テレビ映画監督一代記』（奥中惇夫　筑摩書房　2004）
『仮面ライダー　仮面ライダーV3カード完全図鑑』（木下正信編　竹書房　1997）
『仮面ライダー378全怪人図鑑』（徳間書店　1981）
『仮面ライダー　昭和最強伝説』（東映監修　双葉社　2015）
『仮面ライダー1971～1984　秘蔵写真と初公開資料で蘇る昭和ライダー10人』（石森プロ・東映監修　講談社　2014）
『仮面ライダー大研究』（TARKUS編　二見WAi WAi文庫　2000）
『仮面ライダー大全集』（テレビマガジン編　講談社　1986）
『仮面ライダー　本郷猛の真実』（藤岡弘、ぶんか社　1999）
『仮面ライダー名人列伝　子供番組に奇蹟を生んだ男たち』（平山亨　風塵社　1998）
『仮面ライダーをつくった男たち　1971・2011』（村枝賢一漫画、小田克己取材・脚本　講談社KCデラックス　2011）
『キカイダー大全　人造人間キカイダー キカイダー01の世界』（岩佐陽一編　双葉社　2002）
『希望の国のエクソダス』（村上龍　文春文庫　2002）
『空想特撮映像のすばらしき世界　ウルトラマン ウルトラセブン ウルトラマンダイナ ウルトラマンガイア』（宇宙船編、円谷プロダクション監修　朝日ソノラマ　2001）
『くたばれGNP　高度経済成長の内幕』（朝日新聞経済部編　朝日新聞社　1971）
『月光仮面　復刻版　怪人ドクロ仮面』『同　恐怖の秘密兵器』『同　魔人の爪』『同　バラダイ王国の秘宝』（川内康範　ブックマン社　2007～2008）
『「月光仮面」を創った男たち』（樋口尚文　平凡社新書　2008）
『紅一点論　アニメ・特撮・伝記のヒロイン像』（斎藤美奈子　ビレッジセンター出版局　1998）
『高度経済成長と生活革命　民俗学と経済史学との対話から　民博フォーラム』（国立歴史民俗博物館編　吉川弘文館　2010）
『高度成長　昭和が燃えたもう一つの戦争』（保阪正康　朝日新書　2013）
『高度成長　シリーズ日本近現代史8』（武田晴人　岩波新書　2008）
『高度成長と日本人1　個人篇　誕生から死まで』『同2　家庭篇　家族の生活』（高度成長期を考える会編　日本エディタースクール出版部　2005）

『国連改革　「幻想」と「否定論」を超えて』（吉田康彦　集英社新書　２００３）
『ゴジラ誕生物語』（山口理　文研出版　２０１３）
『「ゴジラ」とわが映画人生』（本多猪四郎　ワニブックス【ｐｌｕｓ】新書　２０１０）
『ザ・クロニクル　戦後日本の70年　１〜８』（共同通信社編　幻冬舎　２０１４〜２０１５）
『さよならミラーマン』（石田延之　大洋図書　２００７）
『30大スーパー戦隊超全集　てれびくんデラックス愛蔵版』（小学館　２００７）
『ジェンダーで読む日本政治　歴史と政策』（進藤久美子　有斐閣選書　２００４）
『ジャパンアズナンバーワン　アメリカへの教訓』（エズラ・Ｆ・ヴォーゲル著、広中和歌子ほか訳　ＴＢＳブリタニカ　１９７９）
『10大ニュースに見る戦後50年』（読売新聞世論調査部編　読売新聞社　１９９６）
『生涯助ッ人　回想録』（川内康範　集英社　１９９７）
『昭和石ノ森ヒーロー列伝　ヒーローたちの足跡を秘蔵写真でふり返る』（ハイパーホビー編集部編　徳間書店　２０１３）
『昭和経済史』（中村隆英　岩波現代文庫　２００７）
『昭和30年代パノラマ大画報　今よみがえる、ニッポンの青春！』（コモエスタ八重樫監修、レッカ社編　宝島社　２００６）
『昭和史（下）』（中村隆英　東洋経済新報社　２０１２）
『昭和の結婚』（小泉和子編　河出書房新社　２０１４）
『女性を活用する国、しない国』（竹信三恵子　岩波ブックレット　２０１０）
『新 仮面ライダーＳＰＩＲＩＴＳ』（石ノ森章太郎原作、村枝賢一漫画　講談社ＫＣデラックス　２０１０）
『人造人間キカイダー　超人バロム・１　変身忍者嵐　３大テレビヒーローシークレットファイル』（ブレインナビ編　ミリオン出版　２００３）
『スーパー戦隊画報　正義のチームワーク三十年の歩み　第１〜２巻』（スタジオ・ハードデラックス編　竹書房　２００５〜２００６）
『スーパーヒロイン画報　国産スーパーヒロイン30年の歩み』（スタジオ・ハード編　竹書房　１９９８）
『素晴らしき円谷英二の世界　君はウルトラマン、ゴジラにどこで会ったか』（２００１円谷英二生誕１００年プロジェクト監修、「素晴らしき円谷英二の世界」編集委員会編　中経出版　２００１）
『素晴らしきＴＶヒーローたち』（アニメディア編集部編　学習研究社　１９８６）
『全怪獣怪人　上巻・下巻』（勁文社　１９９０）
『全怪獣怪人大事典　上巻・中巻』（竹内博監修　英知出版　２００３）
『１９９５年』（速水健朗　ちくま新書　２０１３）
『１９８５年』（吉崎達彦　新潮新書　２００５）
『戦後の世相を読む』（中野収　岩波セミナーブックス　１９９７）
『戦後ヒーローの肖像』（佐々木守　岩波書店　２００３）
『全集　日本の歴史第16巻　豊かさへの渇望』（荒川章二　小学館　２００９）
『大学入試の戦後史　受験地獄から全入時代へ』（中井浩一　中公新書ラクレ　２００７）
『超合金の男　村上克司伝』（小野塚謙太　アスキー新書　２００９）
『円谷プロ画報　円谷作品五十年の歩み　第１巻』（安藤幹夫編集　竹書房　２０１３）
『テレビマガジン　ヒーロー大全集』（テレビマガジン編　講談社　１９８７）
『伝説の昭和特撮ヒーロー　元祖テレビ映画製作プロ宣弘社全仕事　「月光仮面」から「闘え！ドラゴン」まで』（石橋春海　コスミッ

ク出版　２０１４）
『東映スーパー戦隊大全　バトルフィーバーJ・デンジマン・サンバルカンの世界』『同2　ゴーグルV・ダイナマン・バイオマン大全』（安藤幹夫編　双葉社　２００３～２００４）
『東映特撮大全　仮面の忍者 赤影／ジャイアントロボ／キャプテンウルトラの世界』（スタジオ・ハード編　双葉社　１９９９）
『東映特撮物語　矢島信男伝』（矢島信男　洋泉社　２０１４）
『東映ヒーロー仮面俳優列伝』（鴬谷五郎編著　辰巳出版　２０１４）
『東映ヒーロー名人列伝』（平山亨　風塵社　１９９９）
『特撮円谷組　ゴジラと、東映特撮にかけた青春』（東宝ゴジラ会　洋泉社　２０１０）
『特撮ニッポン　日本特撮の源流から「パシフィック・リム」超えの秘策まで！　怪獣とヒーローで育ったすべての日本人に贈る！（別冊宝島）』（宝島社　２０１３）
『泣き虫プロデューサーの遺言状　TVヒーローと歩んだ50年』（平山亨　講談社　２０１２）
『20世紀の日本6　高度成長　日本を変えた６０００日』（吉川洋　読売新聞社　１９９７）
『日経エンタテインメント！ウルトラマンの時代　１９６６～１９７１テレビ特撮ブームのヒーローたち　ウルトラマン／ウルトラセブン／帰ってきたウルトラマン』（日経BP社　２０１３）
『日本列島改造論』（田中角栄　日刊工業新聞社　１９７２）
『ノンマルトの使者　金城哲夫シナリオ傑作集』（金城哲夫　朝日ソノラマ宇宙船文庫　１９８４）
『ピー・プロ70'sヒーロー列伝1　スペクトルマン』『同2　快傑・風雲ライオン丸』（成川哲夫　ソニー・マガジンズ　１９９９～２０００）
『ヒーロー神髄』（宮内洋　風塵社　１９９８）
『ヒーローと正義』（白倉伸一郎　子どもの未来社寺子屋新書　２００４）
『ビジュアル全集　人造人間キカイダー』（テレビマガジン編　講談社　１９８７）
『ビジュアルNIPPON　昭和の時代　高度経済成長期から現在まで、50年間の軌跡』（伊藤正直、新田太郎監修　小学館　２００５）
『不滅のヒーロー ウルトラマン白書　ウルトラQからウルトラマン80まで空想特撮シリーズ18年の軌跡』（円谷プロダクション監修　朝日ソノラマ　１９８２）
『プレイバック１９８０年代』（村田晃嗣　文春新書　２００６）
『放送禁止映像大全』（天野ミチヒロ　文春文庫　２００９）
『ポスト戦後社会　シリーズ日本近現代史⑨』（吉見俊哉　岩波新書　２００９）
『マグマ大使パーフェクトブック』（鷺巣富雄監修、堤哲哉編　白夜書房　１９９９）
『村山富市回顧録』（薬師寺克行編　岩波書店　２０１２）
『メーキング・オブ・東映ヒーロー1　アクションヒーローの世界』『同2　ラディカルヒーローの世界』『同3　メカニカルヒーローの世界』（講談社X文庫　１９８７）
『レインボーマン　ダイヤモンド☆アイ　コンドールマン大全　70's川内康範ヒーローの世界』（岩佐陽一編　双葉社　２００２）
『わが愛わが革命』（重信房子　講談社　１９７４）

『週刊新潮』『中央公論』『一橋ビジネスレビュー』『文藝春秋』『読売ウイークリー』

朝日新聞、日本経済新聞、毎日新聞、読売新聞
（※以上の他にも、書籍、雑誌、パンフレット、白書、年次報告書、新聞、DVD、CDなどを参考にした。）

昭和特撮ヒーロー作品リスト

①放送期間（話数）／②放送局／③放送時間（30分番組は終了時刻を表記せず）／④制作／⑤原作

※KRTは現・TBS、MBSは毎日放送、NETは現・テレビ朝日、東京12チャンネルは現・テレビ東京

※石ノ森章太郎は当時の表記にしたがい、「石森章太郎」とも表記

【昭和33年（1958）】

月光仮面

①33年2月24日～34年7月5日（全130話）／②KRT系／③第1部第1話は月曜18：00～、第1部第2話～第1部最終話は月曜～土曜18：00～18：10、第2部～第3部第8話は日曜18：00～、第3部第9話～第5部最終話は日曜19：00～／④宣弘社プロダクション／⑤川内康範

遊星王子

①33年11月4日～34年9月30日（全49話）／②日本テレビ系／③第1話～4話は火曜19：30～、第5話～最終話は水曜18：15～／④宣弘社プロダクション／⑤伊上勝

【昭和34年（1959）】

鉄腕アトム

①34年3月7日～35年5月28日（全65話）／②MBS＆フジテレビ系／③土曜18：15～／④松崎プロダクション（第1部は三笠映画と共同）／⑤手塚治虫

まぼろし探偵

①34年4月1日～35年3月27日（全50話）／②KRT＆MBS系／③第1話～27話は水曜18：15～、第28話～最終話は日曜日9：00～／④折込広告社（現・オリコム）／⑤桑田次郎（現・桑田二郎）

七色仮面／新七色仮面

①34年6月3日～12月30日（全31話）、『新七色仮面』は35年1月7日～6月30日（全26話）／②NET＆MBS系／③第1部第1話～10話は水曜18：15～、第1部第11話～『新七色仮面』最終話は木曜18：15～／④東映／⑤川内康範

豹《ジャガー》の眼

①34年7月12日～35年3月27日（全38話）／②KRT＆ABC系／③日曜19：00～／④宣弘社プロダクション／⑤高垣眸

【昭和35年（1960）】

海底人8《ハ》8《ヤ》2《ブ》3《サ》

①35年1月3日～6月28日（全26話）／②フジテレビ系／③日曜18：15～（フジテレビでは第15話～最終話は火曜18：15～）／④大映テレビ室／⑤黒沼健

鉄人28号

①35年2月1日～4月25日（全13話）／②日本テレビ系／③月曜19：30～／④松崎プロダクション／⑤横山光輝

怪獣マリンコング（第14話から『マリンコングの大逆襲』に改題）

①35年4月3日～9月25日（全26話）／②フジテレビ系／③日曜9：30～／④ニッサンプロダクション／⑤越田委寿美

アラーの使者
①35年7月7日～12月27日（全26話）／②ＮＥＴ＆ＭＢＳ系／③第1話～4話は木曜18：15～、第5話～最終話は火曜18：15～／④東映／⑤川内康範

ナショナルキッド
①35年8月4日～36年4月27日（全39話）／②ＮＥＴ＆ＭＢＳ系／③木曜18：15～／④東映／⑤貴瀬川実、宮川一郎、海野十三

【昭和41年（1966）】

マグマ大使
①41年7月4日～42年9月25日（全52話）／②フジテレビ系／③第1話～39話は月曜19：30～、第40話～最終話は月曜19：00～／④ピー・プロダクション／⑤手塚治虫

ウルトラマン
①41年7月17日～42年4月9日（全39話）／②ＴＢＳ＆ＡＢＣ系／③日曜19：00～／④円谷プロダクション

【昭和42年（1967）】

仮面の忍者　赤影
①42年4月5日～43年3月27日（全52話）／②関西テレビ＆フジテレビ系／③水曜19：00～／④東映京都テレビプロダクション／⑤横山光輝（『飛騨の赤影』より）

キャプテンウルトラ
①42年4月16日～9月24日（全24話）／②ＴＢＳ＆ＡＢＣ系／③日曜19：00～／④東映

光速エスパー
①42年8月1日～43年1月23日（全26話）／②日本テレビ系／③火曜19：00～／④宣弘社プロダクション／⑤あさのりじ

ウルトラセブン
①42年10月1日～43年9月8日（全49話、第12話は欠番）／②ＴＢＳ＆ＡＢＣ系／③日曜19：00～／④円谷プロダクション

ジャイアントロボ
①42年10月11日～43年4月1日（全26話）／②ＮＥＴ＆ＭＢＳ系／③第1話～16話は水曜19：30～、第17話～最終話は月曜19：30～／④東映／⑤横山光輝

【昭和44年（1969）】

魔神バンダー
①44年1月5日～3月30日（全13話）／②フジテレビ系／③日曜18：00～／④ＮＭＣプロ／⑤東連山

【昭和46年（1971）】

宇宙猿人ゴリ（第21話から『宇宙猿人ゴリ対スペクトルマン』、第40話から『スペクトルマン』に改題）
①46年1月2日～47年3月25日（全63話）／②フジテレビ系／③土曜19：00～／④ピー・プロダクション／⑤うしおそうじ

帰ってきたウルトラマン
①46年4月2日～47年3月31日（全51話）／②ＴＢＳ＆ＡＢＣ系／③金曜19：00～／④円谷プロダクション

仮面ライダー
①46年4月3日～48年2月10日（全98話）／②ＭＢＳ&ＮＥＴ系／③土曜19：30～／④東映／⑤石森章太郎

好き！すき!!魔女先生
①46年10月3日～47年3月26日（全26話）／②ＡＢＣ&ＴＢＳ系／③日曜18：00～／④東映／⑤石森章太郎

シルバー仮面（第11話から巨大ヒーロー路線に変更、『シルバー仮面ジャイアント』に改題）
①46年11月28日～47年5月21日（全26話）／②ＴＢＳ&ＡＢＣ系／③日曜19：00～／④宣弘社、日本現代企画

ミラーマン
①46年12月5日～47年11月26日（全51話）／②フジテレビ系／③日曜19：00～／④円谷プロダクション

【昭和47年（１９７２）】

快傑ライオン丸
①47年4月1日～48年4月7日（全54話）／②フジテレビ系／③土曜19：00～／④ピー・プロダクション／⑤うしおそうじ、別所孝治（企画・原案）

超人バロム・1《ワン》
①47年4月2日～11月26日（全35話）／②よみうりテレビ&日本テレビ系／③日曜19：30～／④東映／⑤さいとう・たかを、さいとう・プロ

ウルトラマンA《エース》
①47年4月7日～48年3月30日（全52話）／②ＴＢＳ&ＡＢＣ系／③金曜19：00～／④円谷プロダクション

変身忍者　嵐
①47年4月7日～48年2月23日（全47話）／②ＭＢＳ&ＮＥＴ系／③金曜19：00～／④東映／⑤石森章太郎

レッドマン
①47年4月24日～10月3日（全１３８話）／②日本テレビ系／③月曜～土曜７：25～８：15放送の『おはよう！こどもショー』内で5分放送／④円谷プロダクション

トリプルファイター
①47年7月3日～12月29日（全１３０回・26話）／②ＴＢＳ&ＡＢＣ系／③月曜～金曜17：30～17：40／④円谷プロダクション

人造人間キカイダー
①47年7月8日～48年5月5日（全43話）／②ＮＥＴ&ＭＢＳ系／③土曜20：00～／④東映／⑤石森章太郎

サンダーマスク
①47年10月3日～48年3月27日（全26話）／②日本テレビ系／③火曜19：00～／④東洋エージェンシー（現・創通）、ひろみプロダクション

行け！ゴッドマン
①47年10月5日～48年9月28日（全２６０回・52話）／②日本テレビ系／③月曜～土曜７：25～８：15放送の『おはよう！こども

ショー』内で5分放送／④東宝企画

愛の戦士レインボーマン
①47年10月6日～48年9月28日（全52話）／②NET&MBS系／③金曜19：30～／④東宝／⑤川内康範

突撃！ヒューマン!!
①47年10月7日～12月30日（全13話）／②日本テレビ系／③土曜19：30～／④ユニオン映画

アイアンキング
①47年10月8日～48年4月8日（全26話）／②TBS&ABC系／③日曜19：00～／④宣弘社

【昭和48年（1973）】

ファイヤーマン
①48年1月7日～7月31日（全30話）／②日本テレビ系／③第1話～12話は日曜18：30～、第13話～最終話は火曜19：00～／④円谷プロダクション、萬年社

魔人ハンター ミツルギ
①48年1月8日～3月26日（全12話）／②フジテレビ系／③月曜19：00～／④国際放映

ジャンボーグA《エース》
①48年1月17日～12月29日（全50話）／②MBS&NET系／③第1話～28話は水曜19：30～、第29話～最終話は土曜19：00～／④円谷プロダクション

仮面ライダーV3《ブイスリー》
①48年2月17日～49年2月9日（全52話）／②MBS&NET系／③土曜19：30～／④東映／⑤石森章太郎

流星人間ゾーン
①48年4月2日～9月24日（全26話）／②日本テレビ系／③月曜19：00～／④東宝映像（現・東宝映像美術）

白獅子仮面
①48年4月4日～6月27日（全13話）／②日本テレビ系／③水曜19：00～／④大和企画

ロボット刑事
①48年4月5日～9月27日（全26話）／②フジテレビ系／③木曜19：00～／④東映／⑤石森章太郎

ウルトラマンタロウ
①48年4月6日～49年4月5日（全53話）／②TBS&ABC系／③金曜19：00～／④円谷プロダクション

風雲ライオン丸
①48年4月14日～9月29日（全25話）／②フジテレビ系／③土曜19：00～／④ピー・プロダクション／⑤うしおそうじ、別所孝治（企画・原案）

キカイダー01《ゼロワン》
①48年5月12日～49年3月30日（全46話）／②NET&MBS系／③土曜20：00～／④東映／⑤石森章太郎

スーパーロボット レッドバロン

①48年7月4日～49年3月27日（全39話）／②日本テレビ系／③水曜19：00～／④宣弘社

イナズマン／イナズマンF《フラッシュ》

①48年10月2日～49年3月26日（全25話）、『イナズマンF』は49年4月9日～9月24日（全23話）／②NET&MBS系／③火曜19：30～／④東映／⑤石森章太郎

ダイヤモンド・アイ（『光の戦士ダイヤモンド・アイ』との表記も）

①48年10月5日～49年3月29日（全26話）／②NET&MBS系／③金曜19：30～／④東宝／⑤川内康範

鉄人タイガーセブン

①48年10月6日～49年3月30日（全26話）／②フジテレビ系／③土曜19：00～／④ピー・プロダクション

行け！グリーンマン

①48年11月12日～49年9月27日（全156回・52話）／②日本テレビ系／③49年3月30日まで月曜～土曜7：25～8：15、4月1日から月曜～土曜7：00～7：45放送の『おはよう！こどもショー』内で5分放送／④東宝企画

【昭和49年（1974）】

仮面ライダーX《エックス》

①49年2月16日～10月12日（全35話）／②MBS&NET系／③土曜19：30～／④東映／⑤石森章太郎

電人ザボーガー（第40話から「電人ザボーガー対恐竜軍団シリーズ」の副題が付く）

①49年4月6日～50年9月28日（全52話）／②フジテレビ系／③第1話～26話は土曜19：00～、第27話～39話は金曜19：00～、第40話～最終話は日曜11：00～／④ピー・プロダクション／⑤小池一雄（現・小池一夫、原案）

ウルトラマンレオ

①49年4月12日～50年3月28日（全51話）／②TBS&ABC系／③金曜19：00～／④円谷プロダクション

スーパーロボット マッハバロン

①49年10月7日～50年3月31日（全26話）／②日本テレビ系／③月曜19：00～／④日本現代企画

仮面ライダーアマゾン

①49年10月19日～50年3月29日（全24話）／②MBS&NET系／③土曜19：30～／④東映／⑤石森章太郎

行け！牛若小太郎

①49年11月12日～50年4月25日（全156話）／②日本テレビ系／③月曜～土曜7：00～7：45放送の『おはよう！こどもショー』内で5分放送／④東宝企画

【昭和50年（1975）】

コンドールマン（『正義のシンボル　コンドールマン』との表記も）

①50年3月31日～9月22日（全24話）／②NET&ABC系／③月曜19：30～／④東映／⑤川内康範

仮面ライダーストロンガー
①50年4月5日～12月27日（全39話）／②ＭＢＳ＆ＴＢＳ系／③土曜19：00～／④東映／⑤石森章太郎

秘密戦隊ゴレンジャー
①50年4月5日～52年3月26日（全84話）／②ＮＥＴ＆ＡＢＣ系／③土曜19：30～／④東映／⑤石森章太郎

アクマイザー3《スリー》
①50年10月7日～51年6月29日（全38話）／②ＮＥＴ＆ＡＢＣ系／③火曜19：00～／④東映／⑤石森章太郎

【昭和51年（1976）】

宇宙鉄人キョーダイン
①51年4月2日～52年3月11日（全48話）／②ＭＢＳ＆ＴＢＳ系／③金曜19：00～／④東映／⑤石森章太郎

ザ・カゲスター
①51年4月5日～11月29日（全34話）／②ＮＥＴ＆ＡＢＣ系／③月曜19：00～／④東映／⑤八手三郎

忍者キャプター
①51年4月7日～52年1月26日（全43話）／②東京12チャンネルほか／③水曜19：30～／④東映／⑤八手三郎

超神ビビューン
①51年7月6日～52年3月29日（全36話）／②ＮＥＴ＆ＡＢＣ系／③火曜19：00～／④東映／⑤石森章太郎

円盤戦争バンキッド
①51年10月3日～52年3月27日（全26話）／②日本テレビ系／③日曜18：30～／④東宝

バトルホーク
①51年10月4日～52年3月28日（全26話）／②東京12チャンネルほか／③月曜19：30～／④東洋エージェンシー（現・創通）、ナック（現・ＩＣＨＩ）／⑤永井豪、石川賢

プロレスの星アステカイザー
①51年10月7日～52年3月31日（全26話）／②ＮＥＴ＆ＡＢＣ系／③木曜18：00～／④円谷プロダクション、萬年社／⑤永井豪、石川賢

【昭和52年（1977）】

快傑ズバット
①52年2月2日～9月28日（全32話）／②東京12チャンネルほか／③水曜19：30～／④東映／⑤石森章太郎

大鉄人17《ワンセブン》
①52年3月18日～11月11日（全35話）／②ＴＢＳ＆ＭＢＳ系／③金曜19：00～／④東映／⑤石森章太郎

小さなスーパーマン ガンバロン
①52年4月3日～12月24日（全38話）／②日本テレビ系／③第1話～25話は日曜18：30～、第26話～最終話は土曜7：00～／④創英舎

ジャッカー電撃隊
①52年4月9日〜12月24日（全35話）／②テレビ朝日＆ＡＢＣ系／③土曜19：30〜／④東映／⑤石森章太郎

【昭和53年（1978）】

UFO大戦争　戦え！レッドタイガー
①53年4月8日〜12月28日（全39話）／②東京12チャンネルほか／③第1話〜13話は土曜18：00〜、第14話〜25話は火曜19：30〜、第26話〜最終話は木曜19：30〜／④創英舎

スパイダーマン
①53年5月17日〜54年3月14日（全41話）／②東京12チャンネルほか／③水曜19：30〜／④東映／⑤八手三郎、マーベルコミックス版『スパイダーマン』より

恐竜戦隊コセイドン（第40話から『恐竜戦隊コセイドン戦え！人間大砲コセイダー』に改題）
①53年7月7日〜54年6月29日（全52話）／②東京12チャンネルほか／③金曜19：30〜／④円谷プロダクション

宇宙からのメッセージ　銀河大戦
①53年7月8日〜54年1月27日（全27話）／②テレビ朝日＆ＡＢＣ系／③土曜19：30〜／④東映／⑤石森章太郎

【昭和54年（1979）】

バトルフィーバーJ《ジェイ》
①54年2月3日〜55年1月26日（全52話）／②テレビ朝日＆ＡＢＣ系／③土曜18：00〜／④東映／⑤八手三郎

メガロマン（『炎の超人メガロマン』との表記も）
①54年5月7日〜12月24日（全31話）／②フジテレビ系／③月曜19：00〜／④東宝／⑤雁屋哲

仮面ライダー（スカイライダー）
①54年10月5日〜55年10月10日（全54話）／②ＭＢＳ＆ＴＢＳ系／③金曜19：00〜／④東映／⑤石森章太郎

【昭和55年（1980）】

電子戦隊デンジマン
①55年2月2日〜56年1月31日（全51話）／②テレビ朝日＆ＡＢＣ系／③土曜18：00〜／④東映／⑤八手三郎

ウルトラマン80《エイティ》
①55年4月2日〜56年3月25日（全50話）／②ＴＢＳ＆ＭＢＳ系／③水曜19：00〜／④円谷プロダクション

仮面ライダースーパー1《ワン》
①55年10月17日〜56年9月26日（ＭＢＳ。ＴＢＳは〜10月3日、全48話）／②ＭＢＳ＆ＴＢＳ系／③第1話〜23話は金曜19：00〜、第24話〜最終話はＭＢＳは土曜17：00〜、ＴＢＳは土曜7：00〜／④東映／⑤石森章太郎

【昭和56年（1981）】

太陽戦隊サンバルカン
①56年2月7日〜57年1月30日（全50話）／②テレビ朝日＆ＡＢＣ系／③土曜18：00〜／④東映／⑤八手三郎

【昭和57年（1982）】
大戦隊ゴーグルV《ファイブ》
①57年2月6日～58年1月29日（全50話）／②テレビ朝日&AB
C系／③土曜18：00～／④東映／⑤八手三郎

宇宙刑事ギャバン
①57年3月5日～58年2月25日（全44話）／②テレビ朝日&AB
C系／③金曜19：30～／④東映／⑤八手三郎

【昭和58年（1983）】
科学戦隊ダイナマン
①58年2月5日～59年1月28日（全51話）／②テレビ朝日&AB
C系／③第1話～8話は土曜18：00～、第9話～最終話は土曜18：
00～18：25／④東映／八手三郎

宇宙刑事シャリバン
①58年3月4日～59年2月24日（全51話）／②テレビ朝日&AB
C系／③金曜19：30～／④東映／⑤八手三郎

【昭和59年（1984）】
仮面ライダーZX《ゼクロス》（正月特番『10号誕生！仮面ライダー全員集合‼』
にて）
①59年1月3日／②MBS&TBS系／③火曜9：00～9：54／
④東映／⑤石森章太郎

星雲仮面マシンマン
①59年1月13日～9月28日（全36話、第36話は総集編）／②日本
テレビ系／③金曜17：30～／④東映／⑤石森章太郎

超電子バイオマン
①59年2月4日～60年1月26日（全51話）／②テレビ朝日&AB
C系／③土曜18：00～18：25／④東映／⑤八手三郎

宇宙刑事シャイダー
①59年3月2日～60年3月8日（全49話）／②テレビ朝日&AB
C系／③金曜19：30～／④東映／⑤八手三郎

【昭和60年（1985）】
兄弟拳バイクロッサー
①60年1月10日～9月26日（全34話）／②日本テレビ系／③木曜
17：30～／④東映／⑤石森章太郎

電撃戦隊チェンジマン
①60年2月2日～61年2月22日（全55話）／②テレビ朝日&AB
C系／③土曜18：00～18：25／④東映／⑤八手三郎

巨獣特捜ジャスピオン
①60年3月15日～61年3月24日（全46話）／②テレビ朝日&AB
C系／③第1話～34話は金曜19：30～、第35話～最終話は月曜19：
00～／④東映／⑤八手三郎

【昭和61年（1986）】
超新星フラッシュマン
①61年3月1日～62年2月21日（全50話）／②テレビ朝日&AB
C系／③土曜18：00～18：25／④東映／⑤八手三郎

時空戦士スピルバン
①61年4月7日～62年3月9日（全44話）／②テレビ朝日&AB

C系／③月曜19：00〜／④東映／⑤八手三郎

【昭和62年（1987）】

光戦隊マスクマン
①62年2月28日〜63年2月20日（全51話）／②テレビ朝日＆ABC系／③土曜18：00〜18：25／④東映／⑤八手三郎

超人機メタルダー
①62年3月16日〜63年1月17日（全39話）／②テレビ朝日＆ABC系／③第1話〜24話は月曜19：00〜、第25話〜最終話は日曜9：30〜／④東映／⑤八手三郎

仮面ライダーBLACK《ブラック》
①62年10月4日〜63年10月9日（全51話）／②MBS＆TBS系／③日曜10：00〜／④東映／⑤石ノ森章太郎

【昭和63年（1988）】

世界忍者戦ジライヤ
①63年1月24日〜平成元年1月22日（全50話）／②テレビ朝日＆ABC系／③日曜9：30〜／④東映／⑤八手三郎

超獣戦隊ライブマン
①63年2月27日〜平成元年2月18日（全49話）／②テレビ朝日＆ABC系／③土曜18：00〜18：25／④東映／⑤八手三郎

電脳警察サイバーコップ
①63年10月2日〜平成元年7月5日（全36話）／②日本テレビ系／③第1話〜24話は日曜10：30〜、第25話〜最終話は水曜17：00〜／④東宝

仮面ライダーBLACK《ブラック》 RX《アールエックス》
①63年10月23日〜平成元年9月24日（全47話）／②MBS＆TBS系／③日曜10：00〜／④東映／⑤石ノ森章太郎

本文デザイン／篠田直樹（bright light）

写真
AP／アフロ（序章、第五章、第七章、第八章、第一一章扉）
Picture Alliance／アフロ（第一章扉）
岡沢克郎／アフロ（第二章扉）
ZUMA Press／アフロ（第三章扉）
アフロ（第四章、終章扉）
毎日新聞社／アフロ（第六章扉）
ロイター／アフロ（第九章扉）
John Warburton - Lee／アフロ（第一〇章扉）
Fujifotos／アフロ（第一二章扉）

JASRAC 出 1902511―901

本書は、二〇一五年六月、書き下ろし単行本として
集英社より刊行されました。

集英社文庫

昭和特撮文化概論《しょうわとくさつぶんかがいろん》 ヒーローたちの戦《たたか》いは報《むく》われたか

2019年3月25日 第1刷 定価はカバーに表示してあります。

著者 鈴木美潮《すずきみしお》

発行者 徳永 真

発行所 株式会社 集英社
東京都千代田区一ツ橋2-5-10 〒101-8050
電話 【編集部】03-3230-6095
【読者係】03-3230-6080
【販売部】03-3230-6393(書店専用)

本文組版 株式会社ビーワークス

印刷 大日本印刷株式会社

製本 大日本印刷株式会社

フォーマットデザイン アリヤマデザインストア マークデザイン 居山浩二

ISBN978-4-08-745854-1 C0195